中等职业学校电子商务专业教材

电商直播

崔丽芳　主编

中国劳动社会保障出版社

简介

本教材为中等职业学校电子商务专业教材。教材主要介绍了走入电商直播、直播带货现场准备、现场直播带货、直播复盘与售后等内容。

本教材依据职业院校电子商务专业学生的特点，按项目—学习任务形式编写，设计了任务下达、相关知识、任务执行、任务评价等多个模块，穿插新视界、知识窗等多个小栏目，形式生动丰富，语言简练通俗，易于学生理解并将理论转化为实践，从而适应职业岗位的需要。

本教材由崔丽芳任主编，林静任副主编，巩伟、段丛蕊、孙迪、李辉参与编写。

图书在版编目（CIP）数据

电商直播 / 崔丽芳主编. -- 北京：中国劳动社会保障出版社，2024. --（中等职业学校电子商务专业教材）. -- ISBN 978-7-5167-6556-2

Ⅰ. F713.365.2

中国国家版本馆 CIP 数据核字第 2024GT7050 号

中国劳动社会保障出版社出版发行

（北京市惠新东街 1 号　邮政编码：100029）

*

北京市白帆印务有限公司印刷装订　　新华书店经销

787 毫米 ×1092 毫米　16 开本　11.25 印张　213 千字

2024 年 8 月第 1 版　　2024 年 8 月第 1 次印刷

定价：34.00 元

营销中心电话：400-606-6496

出版社网址：http://www.class.com.cn

http://jg.class.com.cn

前言

目前，电子商务已成为国家产业结构优化升级、转变区域经济发展方式的战略重点，企业对电子商务专业人才的需求日益旺盛。为了培养更加符合电子商务技术领域和职业岗位（群）任职要求的中等技术应用型人才，我们组建了一支由多所中等职业学校电子商务专业带头人、专职教师及企业专家组成的编写团队，开发了这套电子商务专业教材。教材主要具有以下几点特色。

第一，满足中等职业学校教学所需。结合国家职业标准、企业需求及教学实际，构建了一个涵盖电子商务、跨境电子商务、移动商务、网络营销与直播电商的完整教材体系，包括《电子商务基础》《电子商务法律法规》等专业基础课教材，《电子商务网页设计》《电子商务数据采集与处理》《短视频制作》等技术与服务类专业核心课教材，《网店运营实务》《跨境电子商务运营实务》《电商直播》《网店推广》等运营与推广类专业核心课教材，《电子商务会计》《电子商务物流》《电子商务文案写作》等专业拓展课教材及配套习题册等，体系完整，覆盖面广，能够满足中等职业学校教学所需。

第二，契合企业岗位任职要求。中职电子商务专业毕业生主要面向网商、跨境电商和服务电商企业，使用计算机、网络、通信等现代信息技术从事商务活动。因此，教材紧跟企业岗位任职要求，以从零起点培养学生的职业能力为原则，根据国家职业标准中的技能要求和相关知识要求设计教材内容，突出企业需求，彰显中职电子商务教材特色。

第三，符合学生认知规律。教材以中等职业学校教学模式为指引，采用“项目一学习任务”式编写形式，通过丰富的案例分析、知识拓展和课堂思考，激发学生的学习兴趣，让学生在实践中学习，在任务中成长。另外，教材的设计也充分考虑了学生的认知规律，尽可能多地以图表代替大段冗长的文字叙述，降低学习难度；采用双色或四色印刷，以提高教材的表现力。

第四，教学资源配套丰富。我们遵循有效性原则，根据教材内容和教学实际，开发相对应的微课、视频、图片资源库等数字化配套产品，以便于教师拓展教学和学生自主学习。电子课件及习题册答案可登录技工教育网（jg.class.com.cn）查询下载，数字化配套产品扫描书中二维码即可在线观看或收听。

本套教材的编写工作得到了有关学校的大力支持，教材的编审人员做了大量的工作，在此，我们表示衷心的感谢！同时，恳切希望广大读者对教材提出宝贵的意见和建议。

人力资源社会保障部教材办公室

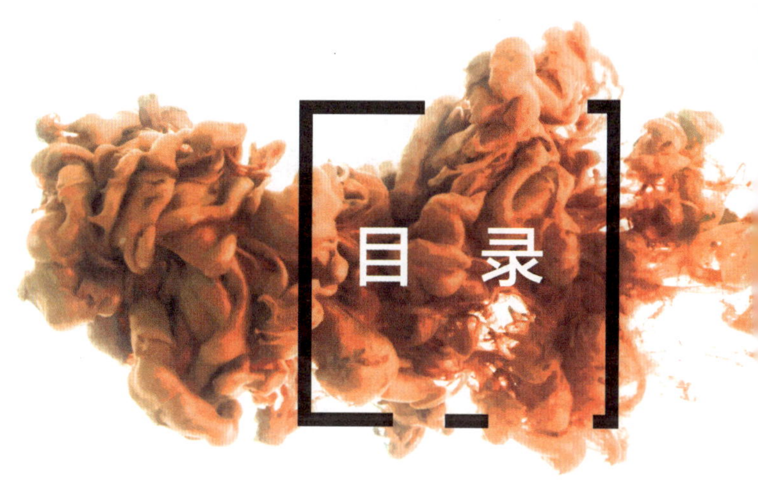

项目一 走入电商直播

项目二 直播带货现场准备

项目三 现场直播带货

项目四　直播复盘与售后

项目一
走入电商直播

项目概述

要想走入电商直播行业，首先要了解这个行业，一是要全面系统地了解行业的发展进程、成员结构及从业机会，为是否进入这一行业提供基本依据；二是决定加入电商直播行业后，要先了解主流直播带货平台，再经过精心选择和准备，获得平台的准入资格，即注册平台账号、开通平台带货权限等，这是开展直播带货的前提条件。

通过本项目的学习，学生可以系统地了解电商直播行业和主流直播带货平台，能够在主流直播带货平台上注册直播账号并开通带货权限，为开启直播带货工作做好前期准备。

学习任务 1　认知电商直播行业

学习目标

● 知识目标

1. 了解电商直播行业的发展历程及趋势
2. 了解电商直播的结构体系及产业链
3. 熟悉主流直播带货模式
4. 熟悉直播带货三要素的组成、作用及相互关系

技能目标

1. 能辨识电商直播行业主体及职责分工
2. 能选择带货模式

任务下达

“鲜果飘香”是由云南某县农民经营的农产品公司，主营当地的各种水果，在国家“村村通”工程实施后，当地农民通过网络了解到了更广阔的世界，有了电商意识，决定通过电商直播销售公司的应季水果，以获取更高的利润，改善生活质量。

本任务需要学生完成以下工作：

1. 通过多渠道了解电商直播行业发展历程、结构体系及产业链；
2. 分析“鲜果飘香”农产品公司电商直播成员分工；
3. 为该公司选择合适的带货模式。

相关知识

电商直播是一种新型的网络零售业态，是基于“电商”和“直播”的有效结合而产生的以实现营销推广或销售商品为目的的各种经营活动的总和。其中电商是核心，直播是手段，通过“粉丝”拉新转化达到流量变现的目的。

一、电商直播行业概述

直播产生时间远远早于电商，从最早期的真人现场直播，发展到后来的电视直播和广播直播等。这些传统平台直播，是一种通过电视和广播向观众和听众输出的单向性传播。随着互联网的普及和信息技术的不断进步，电子商务和网络直播先后出现，并各自取得了飞速的发展。

新视界

最早做“直播”的法国国王路易十四

路易十四（1638 年 9 月 5 日—1715 年 9 月 1 日），这位在位时间最长、自号“太阳王”的法国国王，以其日常生活的高调展示著称。每天早上 8 点，他都会准时起床，拉开床上的帘子，让贵族和民众目睹他起床和吃饭等日常活动。为了更好地管理参观者，路易十四还亲自设计了参观路线，让贵族和民众能够分批、分线路地参观凡尔赛宫。他的这种展示方式，使得凡尔赛宫成为他的标签，同时也奠定了巴黎作为世界时尚之都的地位。

——整理自林楚方的《文明地标三十讲》

随着供需关系的变化、消费升级以及网络信息技术的持续升级迭代，特别是 5G、云计算、AI 技术等前沿科技的广泛应用，信息传播变得更为及时、清晰和流畅。这些技术进步不仅为电商直播提供了卓越的视觉体验，还显著降低了获客成本，同时推动了社交营销、娱乐营销等与销售的深度融合。在这种背景下，商家、平台和消费者纷纷涌入，共同掀起了直播带货的热潮。借助互联网流量红利，电商直播迅速崭露头角，成为当下炙手可热的新兴趋势。

1. 行业发展历程

在我国，电商直播作为一种新型的网络零售模式，起步于 2016 年，从 2017 年的不足 200 亿元迅速发展到 2023 年 45 657 亿元的市场规模，如图 1-1-1 所示。

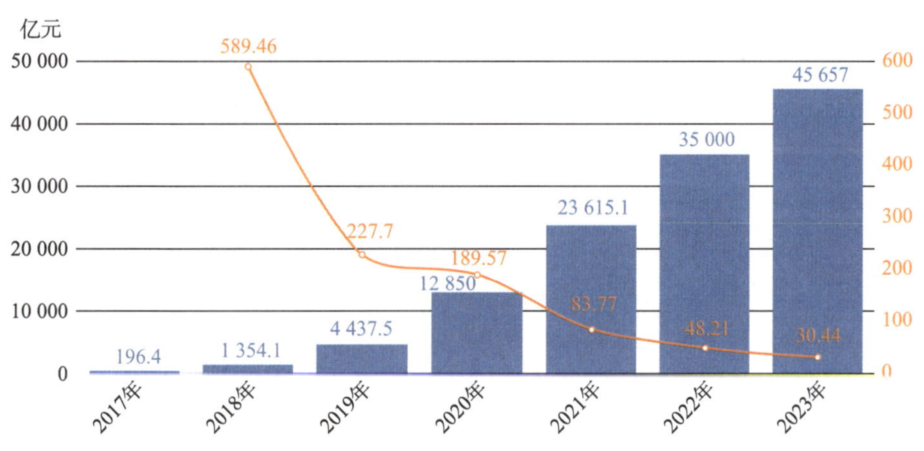

图 1-1-1　电商直播市场规模

从 2016 年至 2023 年，电商直播行业在 7 年的时间内，历经了多个关键阶段。最初是探索萌芽的起步期，行业初步崭露头角；随后是迅猛成长的加速期，平台数量激增，竞争日益激烈；紧接着，疫情催化了行业的爆发，电商直播成为消费新宠；而在整顿之后，行业浴火重生，进入持续发展期，逐渐走向成熟与稳定。如今，电商直播行业正站在新的起点上，即将迈入带给人无限期望的愿景期。

（1）起步期

2016 年被誉为“中国直播元年”，在这一时期，国内如雨后春笋般涌现出 300 多家网络直播平台。这些平台各具特色，有的聚焦于娱乐秀场直播，有的则专门致力于游戏直播，普遍通过流量和广告收入实现盈利。然而，蘑菇街平台却独树一帜，于 2016 年 3 月率先接入直播功能，从而开启了我国的电商直播时代。随后，淘宝直播、京东直播等也相继上线，纷纷加入这一新兴领域。尽管这一时期的电商直播投入巨大，但其影响力尚未“出圈”，对于普通消费者而言，电商直播仍然是一个相对陌生的概念，鲜少有人会在电商直播平台上购买商品或服务。

（2）加速期

2018 年 3 月，快手平台率先推出了快手小店功能，为主播提供了带货的新渠道。同年“双 11”期间，某知名主播在淘宝直播间仅用 15 分钟就售罄了 15 000 支口红，创造了每小时销售额破亿的惊人纪录。这一事件标志着电商直播正式进入了普通消费者的日常生活中。随后，在 12 月，抖音平台也上线了支持跳转淘宝平台的购物车功能，为主播的直播带货提供了便捷的货品交易平台和保障。快手和抖音作为社交内容平台，通过引入直播功能实现了流量的有效变现，直播为这些平台带来了巨大的商业利益，进一步推动了电商直播行业的蓬勃发展。

（3）爆发期

2019 年被誉为“电商直播元年”，在这一年里，淘宝平台推出了独立的淘宝直播 App，直播交易金额实现了突破性的 2 000 亿元。同年，快手平台与拼多多、京东平台建立了合作关系，其全年直播收入接近 300 亿元。抖音平台则推出了精选联盟，并与京东、考拉、唯品会等电商平台达成了合作。电商平台开始积极构建产业闭环，在政策支持、头部主播的助力、平台的加码以及明星艺人的加入下，直播商品种类日益丰富，从服装、鞋帽、日用品到汽车、房子、火箭，应有尽有。突如其来的疫情更是直接将电商直播推入了高速发展的爆发期。到了 2020 年 10 月，抖音平台完成了自建电商直播产业链闭环，关闭了第三方平台商品入口，进一步巩固了其在电商直播领域的地位。

（4）稳健期

2021 年开始，电商直播的市场增长率虽有所下降，但整体年增量仍以万亿元为基数，形势非常喜人。

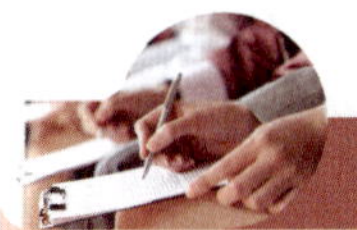

新视界

行业大整顿进行时——新工种诞生

2020 年 7 月，人力资源和社会保障部在“互联网营销师”职业下增设“直播销售员”工种，电商主播成为正式工种！

国家对电商直播行业的整顿力度继续加大，2020 年 7 月，《网络直播营销行为规范》出台；11 月，中央网信办、市场监管总局、税务总局三部门联合对刷单、刷评、炒信、虚假战报等问题提出整改要求；2021 年，商务部出台《直播电子商务平台管理与服务规范》，为电商直播制定行业标准。

随着后疫情时代的到来，国家管控更为精准，市场秩序逐步恢复，产业链各方也呈现出更为理性的发展态势。在这一背景下，直播平台根据对直播带货的不同定位，逐渐形成了三大阵营。第一类是以淘宝、抖音、快手为代表的直播平台，将直播带货视为核心阵地，持续投入并创新。第二类是将直播带货作为提升销售的重要工具，并在实践中尝到了一定甜头的电商平台，如京东、拼多多等。第三类是以美团、国美等为代表的垂直类电商平台，这些平台试图通过直播带货突破发展瓶颈，但尚未获得显著的成效。

值得注意的是，2021 年和 2022 年电商直播市场规模分别达到 2.36 万亿元和 3.5 万亿元，呈现出惊人的增长态势。这标志着电商直播市场已进入成熟稳健的发展期，市场规模不断扩大，同时竞争也日趋激烈。各大平台需要不断创新和完善，以适应市场变化和满足用户需求，从而在未来的竞争中占据有利地位。

（5）愿景期

进入 2023 年，市场数据持续呈现良好态势，业态的变化也为市场注入了新的活力与想象空间。自 2022 年底起，上市资本开始从幕后走向台前，直播机构纷纷加强风险管控，主播生态也在进行调整，并深入参与商品供应链。这些变化共同推动了行业朝着多矩阵、多平台布局的新方向发展。

很多头部账号，凭借裂变新直播间、拓展新直播平台、成立自有品牌以及直播切片分发等策略，实现了快速扩张。这种操作模式正逐渐向低层级账号扩散，这些趋势不仅展示了电商直播行业的创新活力，也为行业的未来发展提供了更多可能性。

上述变化为电商直播行业注入了新的发展动力，引领着行业探索新的发展方向。同时，5G、云计算、物联网、人工智能、大数据等前沿技术的应用，也为电商直播行业带来了革命性的变革。高清直播互动购物、增强现实 / 虚拟现实（AR/VR）营销等直播营销方式的涌现，不仅提升了用户的购物体验，更为行业未来的发展提供了无限可能。这些技术的应用和营销方式的创新，将共同推动电商直播行业迈向更加繁荣和多元的未来。

2. 行业成员结构

电商直播拥有完善的产业结构，涵盖了平台、主播、MCN（多渠道网络）机构、服务商等众多行业成员，共同构成了一个完整且协同的结构体系。

电商直播由签约、代销、商业投放、内容生产、内容输出、内容传播、技术支持等众多环节组成。按照这些环节在产业链中的位置和所发挥的作用，大致可以分为四部分：上游的商品供应、中游的内容生产、下游的直播变现以及辅助支持（见图 1-1-2）。每个部分都扮演着不可或缺的角色，共同推动着电商直播行业的蓬勃发展。

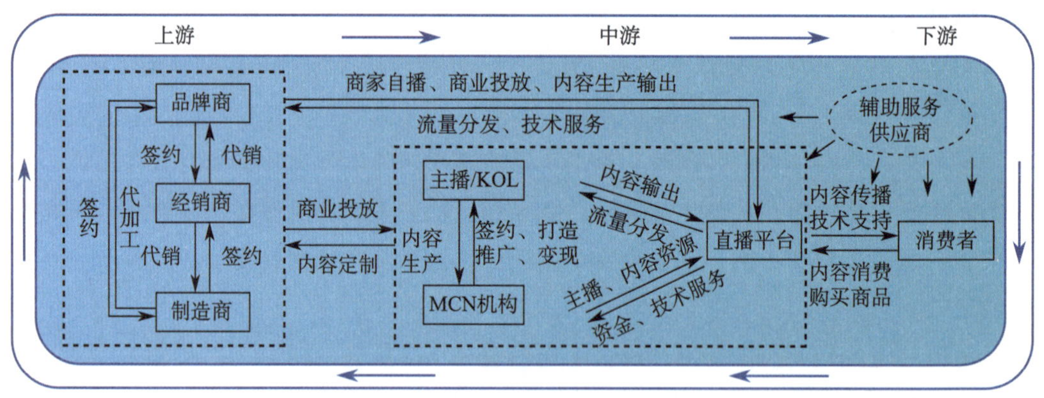

图 1-1-2　电商直播产业链

（1）上游

上游环节是产业链的起点，主要由商品供应商组成。这些供应商可能是品牌主，也可能是渠道中间商（包括批发商、经销商、代理商、零售商等），或者是农、渔、畜牧业产品的生产者，以及产品生产制造厂家等。它们负责向 MCN 机构或主播提供商品，确保电商直播过程中的商品供应稳定。

随着行业的不断发展，商家自播在产业链中的地位日益凸显，变得越来越重要。商家不仅位于产业链的上游，同时也在中游环节发挥着重要作用。

（2）中游

中游产业机构是直播的执行主体，是核心服务的提供者，代表性成员大致可以分为以下三类：

1）平台类。平台是内容传递、分发和购买行为发生的地方，即直播或商品内容展现给消费者的渠道或工具。典型的平台有抖音、快手、淘宝、视频号、京东、多多、哔哩哔哩、蘑菇街、唯品会、小红书等。

2）MCN 类。MCN 机构是内容生产者和平台之间的中介机构，通过资本支撑，提供内容策划、宣传推广、“粉丝”管理、签约代理等各类服务，保障内容生产者稳定输出内容，从而实现商业变现。典型的 MCN 机构有谦寻、辛选、遥望科技、交个朋友、东方甄选、三只羊网络、美 one、宸帆、无忧传媒等。

3）主播类。主播是电商直播的灵魂。这里说的主播，包括明星、名人、KOL（意见领袖）、带货达人、导购等，也有很多特殊身份的主播，如企业家、素人等。

主播直接面对观众，负责整场直播的主持工作。主播既要控制节奏、带动直播间的气氛，又要专业地推介商品、引导观众下单，还要根据需要参与招商选品、内容策划及售后等工作。

知识窗

达人和 KOL 是谁?

达人泛指深耕于某一领域的专家，在该领域内有很高的认可度，活跃于短视频平台和直播平台，个人形象深入人心，借助于大数据推送自己的信息，以达到扩大影响的效果。

KOL 是营销学上的概念。通常被定义为拥有更多、更准确的商品信息，且为相关群体所接受或信任，并对该群体的购买行为有较大影响力的人。

（3）下游

电商直播的核心目的在于实现商业变现和产生收益，下游环节是这一目的的关键所在。观看直播的观众通过购物、购买付费服务及打赏等方式支付费用，构成了电商直播收益的主要来源。观众的购买力、满意度以及口碑直接影响着电商直播的收益情况。

（4）辅助支持

辅助支持成员分布在整个产业链中，按照辅助服务对象来分，大致可以分为四大类。第一类是代运营类，这一类辅助支持商主要帮助商家提供电商的综合解决方案，包括帮助商家进行电商代运营、直播代运营等服务；第二类是技术支持类，这一类辅助支持商大多在直播或者短视频内容创作上提供相关的技术支持，如剪映主要提供快

速短视频剪辑生产技术，微博云剪主要提供短视频快速生产、版权素材交易等支持服务；第三类是数据服务类，这一类辅助支持商主要提供直播和短视频的数据分析支持，为商家、MCN 机构和主播等提供直播运营的决策信息，如卡思数据、飞瓜数据、蝉妈妈等都属于数据监控服务商；第四类是其他类，这一类辅助支持商是确保整个电商直播产业链顺利运转不可或缺的服务商，如提供支付服务支持的支付宝、微信支付、银联，提供物流服务支持的顺丰、“三通一达”等。

知识窗

第三方代运营是什么?

在电商直播领域，一些第三方代运营公司为品牌提供电商直播服务。这些公司通常拥有专业的团队和经验，能够为品牌提供全方位的电商直播解决方案。这些第三方代运营公司通常能够为品牌提供从策略制定、直播内容制作、直播执行到销售转化的全链条服务。它们通过专业的团队和经验，帮助品牌在电商直播领域获得更好的业绩和影响力。以下是一些提供第三方代运营服务的辅助服务商。

融趣传媒：国内知名的新零售生态服务商，专注全球快消品电商 12 年，拥有强大的数据分析能力与全渠道运营服务能力，通过专业的电商运营技术和服务，帮助众多知名及特色快消品品牌接入电商和线下新零售渠道。

百秋：主要服务于淘宝天猫的商家，提供代运营服务，包括店铺运营、内容营销、短视频制作、直播等，为商家制订专属运营计划。

有花果：定位为“为客户提供最优质内容”的整合营销型 MCN 机构，以多样化的内容形式和最前沿的运营手段，为品牌带来新的利益增长。

二、主流直播带货模式

1. 常见类型

直播带货的模式按不同的标准可以分为多种类型，如按空间位置不同，可以分为基地直播、产地直播、海外代购直播等；按直播主体不同，可以分为达人直播和店铺自播；按带货的商品类别不同，可以分为综合带货类直播和垂直带货类直播。

而按承担直播带货工作主体的身份不同，则可以将直播带货模式分为以下三类。

（1）商家自播

商家自建直播团队，通过自家的直播间进行带货。这种模式的优势在于节省成本，且商家可以根据自己的商品特性和目标受众进行定制化的直播内容。

（2）主播带货

主播通过直播的形式展示商品，与观众互动，引导观众购买。因主播身份的不同，又分为独立主播带货和机构主播带货两种方式。主播带货往往需要主播具备一定的知名度和“粉丝”基础，同时需要与商家进行合作，确保商品的质量和供应链的稳定。

（3）第三方代运营

商家通过与第三方代运营公司合作，由第三方代运营公司负责直播内容的策划、执行和推广。这种模式的优势在于第三方代运营公司具备专业的直播运营经验和资源，能够为商家提供更全面的服务。

2. 带货模式选择

选择直播带货模式时，需要考虑多个因素，包括商品特点、目标受众、主播、平台特点等。例如，对于一些高端商品，可能需要选择一些知名主播或者明星进行直播带货，以匹配商品的品牌形象和知名度；对于一些年轻、时尚的受众群体，可以选择一些时尚、美妆类主播进行直播带货，以吸引他们关注和购买。

表 1–1–1 列出了不同带货模式的预期效果分析，可供参考。

表 1–1–1　不同带货模式的预期效果分析

序号	商品	带货模式	预期效果	辅助工作	改进建议
1	特色商品	独立主播带货模式	好	无	无
2	特色商品	机构主播带货模式	好	无	无
3	知名商品	商家自播	好	低折扣	无
4	知名商品	机构主播带货模式	一般	无	高折扣
5	普通商品	独立主播带货模式	一般	无	高折扣
6	普通商品	机构主播带货模式	差	无	独立主播带货模式，高折扣
7	新商品	商家自播 / 机构主播带货模式	差	无	独立主播带货模式，高折扣

总的来说，直播带货模式的选择需要考虑多方面因素，除了上述因素外，货源、成本、物流服务等因素也需要综合考虑，以期选择一种各方相对满意的模式。

三、直播带货的决定性因素

电商直播产业链中，“人、货、场”是最核心的要素，这三个要素不仅仅是一场直播能否成功的关键，更是一个账号能否持续生存的保证。

1. 直播间的“人”

一场直播活动的参与者众多，从策划阶段到执行阶段，再到售后服务跟踪，每个环节都离不开团队的协作与努力。然而，在众多参与者中，最直接影响活动成败的，无疑是两类人：主播和观众。

（1）主播

镜头前的主播，无疑是直播场景中的“超级导购员”。他们不仅是商品的展示者，更是与观众建立信任关系的桥梁。

在直播过程中，主播通过真实的互动、详尽的解说，不仅帮助观众降低了商品选择成本，还满足了观众的多元化需求。主播与观众建立起的良好互动关系，也为直播间流量的提升和观众忠诚度的培养奠定了坚实基础。

（2）观众

直播间的观众既是潜在的消费者，又是直播间成交变现的保障，从营销学的角度来说，他们是市场的核心要素。

观众是直播间的重要参与者，他们可以通过观看直播、参与互动等方式与主播进行交流和互动。观众的参与和反馈是直播间的重要因素之一，能够影响主播的表现和直播间的氛围。

在直播带货中，主播和观众相互影响、相互作用，共同构成了直播带货的重要环节。主播需要关注观众的需求和反馈，及时调整自己的表现和策略；观众也需要通过积极参与互动和反馈，获得更好的观看体验。

2. 直播间的“货”

直播间的“货”是指在直播过程中展示和销售的商品。无论是何种销售模式，其最终的本质都是卖货，直播间也不例外，而能够提供什么样的商品，是直播间核心竞争力的体现，直接关系到观众的购买决策和直播效果。

直播间需提供具备高品质、高性价比、高创新性的商品，同时，还需注意商品要与主播的人设、直播的场景相匹配，以便为观众提供更加优质和个性化的购物体验。

3. 直播间的“场”

直播间的“场”是指直播间的氛围和环境，它直接影响观众的观看体验和购物决策。一个好的直播场景应该具备以下特点。

（1）舒适、自然：直播间应该营造出舒适、自然的氛围，让观众感到放松和愉悦。同时，直播间内的光线、背景、音乐等也要符合大众的审美需求。

（2）专业、细致：直播间应该展现出专业、细致的特点，一是能够展示出商品的特点和优势。二是能够详细地介绍商品，解答观众疑问，引导观众购买。

（3）互动性强：直播间应该具备互动性强的特点，能够通过问答、抽奖、优惠等方式吸引观众互动，增强观众的参与感和获得感。

（4）清晰明了：直播间内的文字、图片、视频等元素应该简洁明了，让观众能够快速了解商品特点和价格等信息。

（5）诚信可靠：直播间应该具备诚信可靠的特点，要遵守相关法律法规和道德规范，不进行虚假宣传和欺诈行为，为观众提供安全、可靠的购物环境。

总的来说，直播带货的“人、货、场”是一个综合性的概念，需要从多个方面进行考虑和优化，以提升直播带货的效果和观众的满意度。

任务执行

1. 分组，并按预期工作要求进行分工。

2. 通过查阅资料、小组头脑风暴等方式，了解电商直播发展历程、结构体系及产业链。

3. 设置“鲜果飘香”农产品公司电商直播成员分工，填写表 1–1–2。

表 1–1–2　“鲜果飘香”农产品公司电商直播成员分工（示例）

序号	参与主体	在产业链中的位置	身份	成员分工
1	“鲜果飘香”农产品公司	上游	中间商	供货，提出直播带货需求
2	为“鲜果飘香”农产品公司提供水果的农民	上游	生产商	供货
3	想独立带货的主播	中游	主播	在直播间销售该公司商品
4	淘宝平台（拟入驻平台）	中游	平台	提供直播带货的渠道及相关服务
5	直播间的观众	下游	消费者	参与互动，购买商品

4. 为“鲜果飘香”农产品公司选择适合的带货模式，填写表 1–1–3。

表 1-1-3 “鲜果飘香”农产品公司直播带货模式（示例）

序号	带货模式	是否选择	理由
1	商家自播	☑是 □否	云南水果，知名商品
2	主播带货	☑是 □否	当地助农主播，多渠道带货，提高曝光率
3	第三方代运营	□是 ☑否	资金有限，难以支撑成本

任务完成后，请根据表 1-1-4，对任务完成情况进行总体评价。

表 1-1-4 小组任务完成情况评价表

<table>
<tr><td>任务编号</td><td></td><td>任务名称</td><td colspan="3"></td></tr>
<tr><td>小组名称</td><td></td><td>小组成员</td><td colspan="3"></td></tr>
<tr><th>评价项目</th><th colspan="2">评价标准</th><th>评价分值</th><th>得分</th><th>备注</th></tr>
<tr><td rowspan="2">知识目标</td><td>行业认知</td><td>◇ 了解电商直播的发展历程及趋势
◇ 了解电商直播的行业结构体系及成员分工</td><td>35</td><td></td><td></td></tr>
<tr><td>直播带货三要素</td><td>◇ 熟悉主流直播带货模式
◇ 熟悉直播带货三要素的组成、作用及相互关系</td><td>15</td><td></td><td></td></tr>
<tr><td rowspan="2">技能目标</td><td>行业成员分工定位</td><td>能辨识电商直播主体及职责分工</td><td>15</td><td></td><td></td></tr>
<tr><td>直播带货模式</td><td>能选择带货模式</td><td>15</td><td></td><td></td></tr>
<tr><td rowspan="4">素养目标</td><td>团队意识</td><td>小组合作，分工明确，服从安排</td><td>5</td><td></td><td></td></tr>
<tr><td>时间管理</td><td>时间分配合理，遵守计划安排，按时完成</td><td>5</td><td></td><td></td></tr>
<tr><td>学习态度</td><td>积极、主动、探究</td><td>5</td><td></td><td></td></tr>
<tr><td>其他</td><td>其他相关素养，如信息收集、数据分析等</td><td>5</td><td></td><td></td></tr>
<tr><td colspan="3">综合得分 / 评价等级：</td><td colspan="3">评价人 / 日期：</td></tr>
<tr><td colspan="6">说明：评分范围为 A 到 D。A 对应“优秀”（≥85 分），B 对应“良好”（≥70 分，<85 分），C 对应“合格”（≥60 分，<70 分），D 对应“不合格”（<60 分）</td></tr>
</table>

学习任务 2　开通主流直播带货平台账号

知识目标

1. 了解主流直播带货平台类型及准入机制
2. 熟悉主流直播带货平台账号注册流程
3. 熟悉主流直播带货平台带货条件及开通流程

技能目标

1. 能选择直播带货平台
2. 能开通直播账号
3. 能开通带货权限

为了扩大销量，“鲜果飘香”农产品公司一方面自己做销售，另一方面，发动县里的大学生为家乡直播带货。美美了解到这个信息，打算开通个人直播账号为家乡农产品带货。

本任务需要学生完成以下工作：

1. 选择适合该公司进入的直播带货平台，并做好进入这一平台的准备；
2. 开通美美的个人直播账号，并申请带货权限。

相关知识

直播带货平台是指通过直播的方式进行商品销售的平台。主播可以在平台上通过直播一边向观众展示和介绍商品的特点、功能、使用方法等信息，一边进行销售。观众可以通过直播获取商品信息，同时还能享受到较好的视听购物体验及便捷的购买方式。

一、主流直播带货平台

随着电商直播产业的发展，直播带货功能日渐成为各大平台的标配，目前主流直

播带货平台总体来讲大概可以分为以下四类。

1. 综合类直播带货平台

综合类直播带货平台集合了多种类型的直播活动，平台上有大量的主播和商家，有提供各类内容创作的，如才艺表演、影视综艺、教育资讯的，有销售美妆、服装、家居、数码、美食等各类商品的。代表性的平台有快手、抖音等。

与电商类直播带货平台不同，此类平台的核心不是“货”而是“内容”。此类平台借助互联网的海量内容承载和传播能力，承担着获取、甄选、分发内容的功能，具有很强的资讯属性和娱乐属性。几近无限的资讯在大数据的配合下，可以满足各种类型用户的个性化需求，因此收获了大量的用户。

2. 电商类直播带货平台

电商类直播带货平台以电商为核心，将直播带货植入电商功能中，用户可以在平台上直接购买商品，同时也可以通过观看直播了解商品信息，获得更全面、综合的购物体验。代表性的平台有淘宝、京东、拼多多等。

其中淘宝直播带货平台凭借成熟的电商生态、巨大而精准的用户流量，集采购供应、推广销售、技术支持与配套服务于一体，具备强大的供应链管理能力和平台运营能力，从商家到主播再到消费者，都可以获得良好的服务和优质的购物体验。

拼多多直播带货平台扎根乡村零售的下沉市场，持续拓展品质用户，利用用户对高性价比商品的需求，通过“低价人气商品 + 社交裂变”的强流量运营能力持续拓宽用户规模，凭借庞大的用户流量及较低的入驻门槛持续吸引商家，实现“平台—用户—商家”的持续正循环，增势强劲。

3. 社交类直播带货平台

社交类直播带货平台以社交为核心，在社交功能的基础上叠加了直播带货功能。用户可以在平台上关注自己喜欢的主播，既能满足与他们互动交流的社交需求，又能便捷地购买商品。代表性的平台有视频号直播、微博直播等。

与综合类直播带货平台、电商类直播带货平台相比，社交类直播带货平台的流量优势明显，一旦捆绑了电商属性后，其发展势不可挡。

4. 垂直类直播带货平台

垂直类直播带货平台专注于某一特定领域或行业的直播带货活动，如游戏直播、体育直播等。平台上的主播和商家通常都是该领域的专业人士，用户可以在平台上获得更深入、更专业的商品信息和购买建议，但目前该类平台带货能力相较上述三类平台还有较大的差距。

主流直播带货平台基本信息见表 1-2-1。

表 1-2-1　主流直播带货平台基本信息一览表

平台	淘宝	快手	抖音	拼多多	微博	微信
开通时间	2016 年	2018 年	2018 年	2019 年	2019 年	2019 年
平台属性	电商	综合	综合	电商	社交	社交
直播载体	淘宝直播	快手直播	抖音直播	多多直播	微博直播	视频号直播
交易载体	淘宝、天猫	自建小店、淘宝、京东、有赞	抖音小店、淘宝、京东、唯品会	拼多多	微博小店、淘宝、有赞	小程序商城、有赞
月活用户	8.95 亿	6.85 亿	8 亿	6.56 亿	6.05 亿	13.36 亿
商品品类	全品类	平价日用百货为主	美妆 + 服装、品牌商品	全品类	大时尚品类	全品类

说明：表格中资料来自公开资料整理，其中用户规模为 2023 年上半年网络数据，仅供参考

二、主流直播带货平台的带货条件

主流直播带货平台因其运营机制及平台规则不同，开通直播带货的准入条件也有一定不同，下面以抖音、淘宝及视频号这三个代表性平台进行介绍。

1. 抖音平台带货条件

抖音平台带货的权限目前分为两种：一种是成为带货达人，可以在橱窗、短视频和直播中添加精选联盟商品进行售卖；另一种是入驻抖音小店，成为小店卖家。

（1）成为带货达人需要满足的条件

1）注册抖音账号：要在抖音平台带货，首先需要在抖音平台上拥有一个正式的账号。

2）实名认证：抖音账号需要完成实名认证。

3）“粉丝”数量：抖音用户的“粉丝”数量必须大于 1 000 人。

4）视频数量：需要在抖音平台上发布至少 10 个公开视频，且这些视频应通过审核。

（2）成为小店卖家需要满足的条件

必须以个体工商户或企业（公司）身份申请，抖音平台暂时不支持以个人身份开设店铺，且营业执照的营业范围中必须包含小店经营的主营类目，通过审核后即可开始带货销售。

2. 淘宝平台带货条件

在淘宝平台上，店铺直播带货条件和达人直播带货条件有所不同。

（1）淘宝店铺进行直播带货的条件

1）店铺需要达到一钻及一钻以上级别。

2）店铺需要具有一定微淘“粉丝”数量（必须大于 3 万人，根据类目决定）。

3）店铺需要具有一定老客户运营能力。

4）店铺需要具有一定主营类目所对应的商品数。

5）店铺需要具有一定销量。

（2）淘宝达人开通直播带货的条件

1）必须有一个绑定了支付宝实名认证的淘宝账号。

2）根据账号属性的不同，具体的要求也不同。非商家且是个人主播，满足以下两个条件即可：

第一，微博“粉丝”数量要大于 5 万人（含 5 万人），最近 7 天内至少有一条微博的点赞数和评论数过百；或者其他社交平台的“粉丝”数量大于 5 万人（含 5 万人），且“粉丝”互动率高。

第二，淘宝达人（不含有商家身份）“粉丝”数量大于 1 万人（含 1 万人），最近 7 天内至少发布过一篇图文帖子；同时需要有较好的控场能力，口齿流利、思路清晰，与“粉丝”互动性强。

3. 微信视频号带货条件

微信视频号的带货条件相对简单，达到以下条件即可：

（1）完成实名认证：为了保证平台的规范运营和用户的权益，需要进行实名认证。

（2）有效关注“粉丝”数量：需要达到 1 000 人及以上，这是开启微信视频号直播带货的基本条件之一，以确保微信视频号有一定的关注度和“粉丝”基础。

三、选择入驻直播带货平台

选择入驻直播带货平台时，应主要考虑以下几种因素。

1. 入驻者是否有货源优势

货源优势具体表现为商家、主播等入驻者是否能够获得具有竞争力的商品，这类商品要在品牌、品质、设计、功能、价格等方面具有较强的竞争力，且拥有长期、稳定、优质甚至垄断的供应链服务。如果有这方面的优势，首选入驻电商类直播带货平台，通过平台自带的销售功能带来可观的销量。

2. 入驻者是否有内容创作优势

如果主播和团队有较强的短视频及图文内容创作和推广能力，熟悉流行热点，有较好的网感，有较好的镜头感和表现力，那么可以尝试入驻综合类直播带货平台。

3. 入驻者是否具备私域流量运营能力

如果主播和团队喜欢并擅于进行微信群、朋友圈、社群的交流和运营，乐于线上线下的社交沟通，具有一定的微信公众号运营能力以及私域流量运营能力，那么可以尝试入驻社交类直播带货平台。

4. 入驻者是否满足平台的入驻条件

各平台对允许销售的商品类目规定不同，如果所销售的商品刚好是该平台限制推广的商品类目，则无法入驻。例如，淘宝平台不允许销售书籍、杂志、报刊等，但是天猫平台、抖音平台则没有这个限制。具体的限制类目，可以参考各平台的相关规定细则。

5. 其他需考虑的因素

除了上述主要因素外，还要考虑其他一些影响因素，如各平台成本投入、新主播扶持力度、配套技术服务、平台生态、用户定位等。如淘宝平台有针对中小主播的扶持，抖音平台着力扶持头部标杆，微信平台目前开通直播带货门槛较低，微博平台注重大时尚品类等，可参考表 1-2-2 综合考虑。

表 1-2-2　主流直播带货平台战略布局

平台	战略布局
淘宝	中小主播扶持，商家扶持（含线下门店），多点触达
拼多多	平台流量倾斜，直播权限全面开放，定向邀约 MCN 机构合作
抖音	成立电商部，升级商业化，培育头部标杆，鼓励达人参与，新规拉高带货门槛
快手	搭建自有闭环，垂直类流量倾斜，平台服务升级，启动品牌化升级
微信	提供公众号、视频号、小程序载体，借助朋友圈、微信群引流
微博	整合直播平台，帮助主播打造微博影响力，借力明星直播

综上所述，选择入驻直播带货平台时应综合考虑商品及平台特性，具体可参考表 1-2-3。

表 1-2-3　主流直播带货平台特点及选择原则

平台类型	代表平台	平台特点	选择原则
电商类	淘宝 京东 拼多多	强电商、弱娱乐、流量大、用户精准、“粉丝”黏性高、直播品类全、购物容易货比三家	1. 能获得具有竞争力的商品，且拥有长期、稳定、优质的供应链服务 2. 擅长供应链管理及电商运营 3. 以商品作为长期、核心的竞争力
综合类	抖音 快手 小红书	商品品类较多、直播内容多元化、“粉丝”活跃度高、平台公域流量庞大、客群不太精准、购物不容易货比三家	1. 主播和团队有较强的短视频及图文内容创作和制作能力 2. 熟悉流行热点，有较好的镜头感和表现力
社交类	微信 微博	用户群庞大、信任度高、“粉丝”黏性高，且愿意主动传播，能实现账号直播变现的持续性	1. 主播和团队喜欢并擅于进行微信群、朋友圈的交流和运营 2. 乐于线上线下的社交沟通 3. 具有一定的微信公众号运营能力以及私域流量运营能力

四、开通直播账号

主流直播带货平台直播账号的开通流程大同小异，下面以抖音平台为例进行介绍。

1. 注册信息准备

开通直播账号需要准备好注册信息，具体包括以下内容。

（1）主页资料

主页资料是了解一个账号最主要的途径之一，因此主页资料的准备非常重要。主页资料主要由账号名称、头像、背景图、账号简介组成，还包括账号基本信息、日常发布内容、橱窗等其他信息。在建立主页资料之前，必须保证所有资料都是合法合规的。

1）账号名称。账号名称和头像是账号的最直接展示，名称要简洁明了，易于记忆和搜索，最好能够让用户通过名字就能看出账号定位（具体可见表 1-2-4）。

表 1-2-4　账号名称万能公式表（部分）

序号	万能公式	示例	特点
1	性格＋艺名	惹人爱的闪闪、软软小甜甜	可以通过性格形容词和艺名的组合，打造一个与主播性格相符的、具有辨识度的名字
2	爱＋商品＋昵称	爱美食的猫妹妹、爱编织的小女子、爱唱歌的农村娃刘斌、爱美妆的小鱼、爱编织的小蜜蜂	突出主播对商品的热爱和专业性，同时增加昵称的个性化元素，让观众更容易记住

续表

序号	万能公式	示例	特点
3	商品＋哥/姐/妹/兄	重庆火锅舞蹈一姐、丑哥私房菜、面筋哥、零食小姐妹、护肤珊珊姐	直接将商品与称呼相结合，突出主播与商品的紧密联系，同时增加亲切感
4	昵称＋类目	井唐美妆、三只羊网络美丽生活、哈哈时尚男装、闪闪美妆分享	将昵称和直播类目相结合，让观众一眼就能看出主播的直播内容，有利于吸引目标观众
5	品牌名＋专卖店	褚橙生鲜旗舰店、李宁健身训练旗舰店、胖大妈专卖店、老庙黄金专卖店、良品铺子专卖店	品牌专业店直接将昵称和专卖店相结合，专业性突出，品牌化效应明显，目标受众明确，易于观众记忆与搜索

2）头像。头像是账号主页的重要元素，形式多样，有用卡通元素的、有用品牌元素的，有用个人形象元素的，只要符合平台和法律规定，且满足以下要求即可选择使用：

①选择高清、清晰、有版权或使用权的图片：确保头像图片的质量高，图像清晰，避免出现模糊或失真的情况。

②突出个人或团队特点：选择与直播内容或个人形象相符的图片，能够突出个人或团队的特点和风格。

③使用明亮的颜色：选择鲜艳、明亮的颜色可以增加头像的吸引力，使其在直播平台上更加醒目。

④创意和个性化：可以尝试一些创意和个性化的设计，如添加一些独特的元素、使用特殊的字体或排版方式等，让头像更具辨识度和吸引力。

⑤保持简洁和易记：虽然希望头像引人注目，但也要注意保持简洁和易记，避免使用过于复杂或混乱的设计，以免给观众留下困惑的印象。

⑥与直播内容相关：头像可以与直播内容相关联，如选择与主题或品牌相符的图片，这样可以增强观众对账号的记忆和认同感。

⑦定期更新：定期更新头像可以保持观众对账号的新鲜感和关注度，可以根据季节、活动或特殊节日等因素来更换头像，增加互动性。

3）背景图。背景图需要和头像的颜色相呼应，整体要统一风格，其次背景图要美观、有辨识度，并且要传达专业度。

背景图会被自动压缩，只有下拉时才能看到下面的部分内容，所以，最好把想要表达的信息留在背景图中央的位置。

4）账号简介。账号简介能够准确概括账号定位，为观众提供确切的价值，如视频更新时间或者直播时间等，如图 1-2-1 所示。账号简介中不要有联系方式以及敏感词汇，平台一旦识别有可能会降低账号权重。

图 1-2-1 账号简介示例

知识窗

直播账号的敏感词有哪些?

直播平台管理规定中，对一些特定词语有所限制或禁止使用，一经发现轻则禁言，重则限播限号。直播平台常见敏感词如下。

1. 极限词：包括国家级、世界级、最高级、第一、唯一、首个、首选、顶级、最新、最先进、全网销量第一、全球首发、顶级工艺、极致、独一无二等。

2. 绝对化用语：包括最高、最低、最先进、最大程度、最新技术、最佳、最时尚、最受欢迎、最先等词语。

3. 虚假或无法判断真伪的夸张性表述词语：包括 100%、高档、正品等。

4. 淫秽、色情赌场、迷信、恐怖、暴力、丑恶用语。

5. 民族、种族、性别歧视用语。

6. 化妆品虚假宣传用语。

7. 医疗用语（普通商品，不含特殊用途化妆品、保健食品、医疗器械）。

（2）绑定信息

完善账号资料时，还需要绑定个人基本信息，如姓名、性别、身份证号、所在地区、生日等。个人信息应尽量完整，以此提高账号的推荐权重及“粉丝”的信任度。此外，手机号及第三方账号（如 QQ、微博、微信）也需要绑定上。

2. 开通流程

（1）开通个人直播账号

开通个人直播账号的流程可能因平台而异，但通常包括以下步骤。

1）选择平台：根据个人需求和目标观众选择合适的直播平台。

2）下载并注册账号：从应用商店下载直播平台的 App，并注册一个个人账号。

3）完善个人信息：在个人主页中，填写真实的姓名、身份证号码等个人信息，确保信息的准确性。

4）申请开通直播功能：如果直播功能没有默认开启，需要在设置页面或相关选项中找到“直播”或“直播权限申请”，并按照提示提交申请。

5）等待审核：提交申请后，等待平台审核。审核时间可能因平台而异，一般需要几个工作日。

（2）开通商家直播账号

1）选择平台：选择一个适合商家直播的平台，如拼多多、抖音等。

2）下载并注册账号：在应用商店下载对应平台的 App，并按照提示注册一个商家账号。

3）完善店铺信息：在注册完成后，登录商家后台，完善店铺的基本信息，如店铺名称、地址、联系方式等。

4）申请开通直播功能：在商家后台中找到“直播”或“直播权限申请”等相关选项，按照提示提交申请。

5）提交相关资质：根据平台要求，提交相关的资质证明，如营业执照、税务登记证等。

6）等待审核：提交申请后，等待平台审核。审核时间可能因平台而异，一般需要几个工作日。

五、开通带货权限

1. 开通淘宝直播平台带货权限

（1）淘宝主播 App 下载后，商家使用店铺主号，达人使用后续开播的账号登录淘宝主播 App，如图 1-2-2 所示。

（2）勾选“同意以下协议”并根据提示进行实人认证（企业店铺无须实人认证），如图 1-2-3 所示。

（3）实人认证通过即代表直播发布权限已开通。

（4）开播前需要先学习直播规则，进入“淘宝主播 App”→“我的”→“体检中心”→“规则学习”，查看直播规则视频讲解，如图 1-2-4 所示。

图 1-2-2　淘宝主播 App 下载安装路径

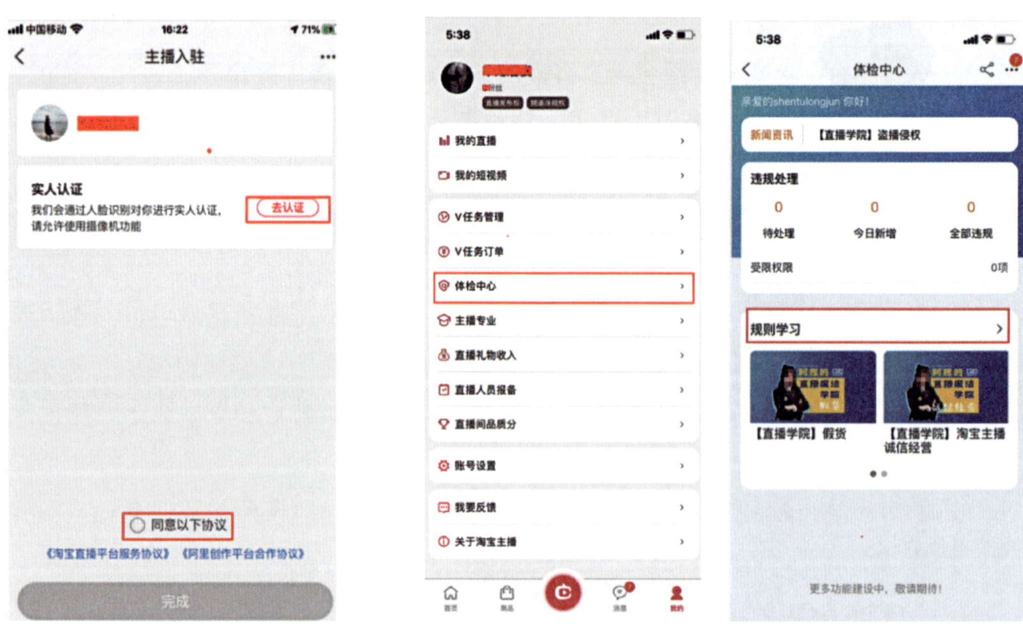

图 1-2-3　淘宝主播“实人认证”界面

图 1-2-4　淘宝主播“体检中心”“规则学习”界面

2. 开通抖音直播平台带货权限

（1）开通个人店铺

只需要按照抖音开店的要求提供相应的资料（见图 1-2-5），如营业执照、个人身份证件等，就可以直接开通抖音小店（以下简称抖店）。开通步骤如下：

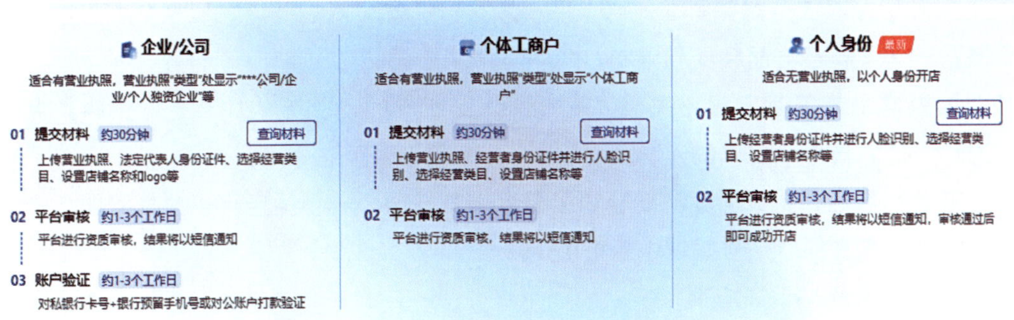

图 1-2-5　抖店入驻资料要求

第一步，进入抖店官网，用手机号注册入驻，如图 1-2-6 所示。不建议使用抖音 App 入驻，因为抖音账号有可能因为违规被封号。

图 1-2-6　抖店注册界面

第二步，输入信息，点击"立即入驻"后，选择入驻类型，如图 1-2-7 所示。

图 1-2-7　入驻类型选择界面

个人身份入驻不需要营业执照，用个人身份证就可以去开店，但是个人店铺在上架商品、售卖类目方面会受到限制。

如果有个体工商户营业执照，就选个体工商户的入驻方式。准备好资料，点击“立即入驻”，按平台提供的入驻流程指引一步步注册即可。

开通抖店后，主账号就自动获得了橱窗带货权限。一个抖店可以授权管理 5 个抖音账号，只需在抖音账号管理中新增绑定账号即可。

（2）开通蓝 V 认证店铺

蓝 V 认证（见图 1–2–8）是针对企业的，需要营业执照去认证。蓝 V 认证店铺发布营销性质的内容会更容易过审，并且平台对于蓝 V 账号的包容度会更高。蓝 V 认证店铺的昵称下方会显示公司全名，可以有效提高用户对账号的信任感。

1）认证步骤。登录要认证的抖音账号，进入抖音后台个人中心—创作者服务中心“通用能力”模块，点击“官方认证”（见图 1–2–9），再点击“开始认证”，填写信息、上传相关资质，即可办理。

图 1–2–8　加了蓝 V 认证的企业账号

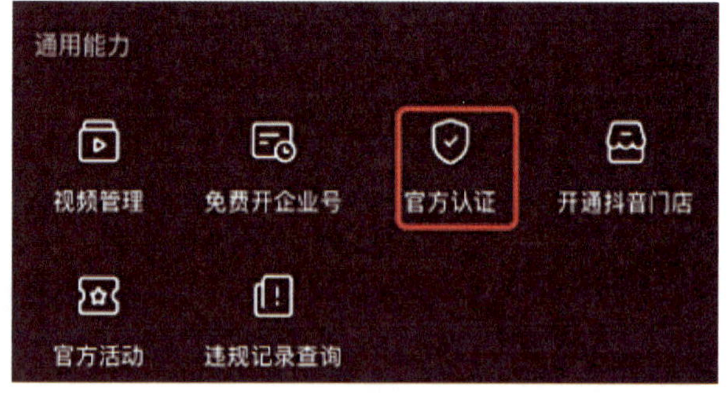

图 1–2–9　官方认证入口

2）注意事项。

①同一企业主体注册抖音账号数量上限为 2 个。

②不建议选择计算机端入口，因为操作步骤较多，可直接使用 App。

③认证费用为 600～2 000 元，有效期 1 年。

任务执行

1. 分组，并按预期工作要求进行分工。
2. 浏览主流电商直播平台，了解平台的信息及经营特点。
3. 根据表 1–2–5 中“鲜果飘香”农产品公司的补充信息，为其选择合适的直播带货平台，并将表 1-2-5 填写完整。

表 1-2-5　“鲜果飘香”农产品公司准入平台分析表（示例）

序号	意向入驻平台		公司经营的相关信息	
	平台名称	是否适合	项目	主要信息
1	淘宝	是☑　否☐	商品	云南当地特色季节性水果为主，适量东南亚进口水果为辅，货源充足，价格较高，是国产水果中的知名商品
2	拼多多	是☐　否☑	员工	以果农为主，少数管理和业务人员
3	抖音	是☑　否☐	渠道	商品原来主要供给各地批发商和当地超市、市场，依托第三方物流
4	快手	是☐　否☑	外部支持	当地政府扶持水果产业，官员、形象大使代言并进入直播间
5	微信	是☐　否☑	消费者	销往全国，深受一、二线城市欢迎

4. 为美美的直播账号准备基本信息，填写表 1-2-6，然后登录直播平台，完成信息录入。

表 1-2-6　直播账号基本信息表（示例）

美美甄选账号基本信息		
1. 账号名称：美美甄选		
2. 账号简介：为家乡农产品带货		
3. 头像	4. 背景图	5. 其他相关信息
		略

任务评价

任务完成后，请根据表 1-2-7，对任务完成情况进行总体评价。

表 1-2-7　小组任务完成情况评价表

<table>
<tr><td>任务编号</td><td></td><td>任务名称</td><td colspan="4"></td></tr>
<tr><td>小组名称</td><td></td><td>小组成员</td><td colspan="4"></td></tr>
<tr><th>评价项目</th><th colspan="2">评价标准</th><th>评价分值</th><th>得分</th><th>备注</th></tr>
<tr><td rowspan="2">知识目标</td><td>直播平台基本信息</td><td>◇ 了解主流直播带货平台类型及准入机制
◇ 熟悉主流直播带货平台账号注册流程</td><td>30</td><td></td><td></td></tr>
<tr><td>直播带货条件</td><td>熟悉主流直播带货平台带货条件及开通流程</td><td>15</td><td></td><td></td></tr>
<tr><td>技能目标</td><td>入驻直播带货平台</td><td>◇ 能选择直播带货平台
◇ 能开通直播账号
◇ 能开通带货权限</td><td>35</td><td></td><td></td></tr>
<tr><td rowspan="4">素养目标</td><td>团队意识</td><td>小组合作，分工明确，服从安排</td><td>5</td><td></td><td></td></tr>
<tr><td>时间管理</td><td>时间分配合理，遵守计划安排，按时完成</td><td>5</td><td></td><td></td></tr>
<tr><td>学习态度</td><td>积极、主动、探究</td><td>5</td><td></td><td></td></tr>
<tr><td>其他</td><td>其他相关素养，如行动力、营销意识、合作精神等</td><td>5</td><td></td><td></td></tr>
<tr><td colspan="3">综合得分 / 评价等级：</td><td colspan="3">评价人 / 日期：</td></tr>
<tr><td colspan="6">说明：评分范围为 A 到 D。A 对应“优秀”（≥85 分），B 对应“良好”（≥70 分，<85 分），C 对应“合格”（≥60 分，<70 分），D 对应“不合格”（<60 分）</td></tr>
</table>

1. 主流直播带货平台有哪些?
2. 主流直播带货平台的选择原则是什么?
3. 如何在淘宝平台开通个人直播账号?
4. 如何在抖音直播平台开通带货权限?

项目二
直播带货现场准备

项目概述

开通了直播账号及带货权限后，正式开播前，还需要完成相关的准备工作，即准备直播带货的“人、货、场”。

“人”的准备，一是确定具体工作人员并进行分工，二是做好直播间观众的引流。

“货”的准备，一是进行实体“货”的准备，即选品、备货及验收等；二是进行虚拟“货”的准备，即在平台系统录入商品信息，进行上架管理；此外，为了优化直播效果，还需要准备一些辅助物料，如样品、辅助工具、宣传资料等。

“场”的准备同样分实体场景准备和虚拟场景准备，前者是指场地和灯光布置、设备调试及物料陈列等；后者主要是进行直播画面布置、直播系统设置等。

通过本项目的学习，学生可以制订人员分工计划，准备直播商品清单、样品及配套物料，完成商品上架管理，合理布置直播现场；学会调试直播画面和直播系统，为正式开播做好准备。

学习任务1　人员准备

学习目标

知识目标

1. 了解常见直播团队的人员配置
2. 熟悉直播团队常见岗位的职责
3. 了解流量的定义及类型
4. 了解日常引流、直播引流的原则及方法

技能目标

1. 能制订人员分工计划
2. 能进行账号维护及日常引流
3. 能为直播活动引流

任务下达

“土豆鱼儿”直播间将于本周五晚8点开启一场“零食狂欢节”专场直播，直播间商品清单详见表2-1-1。

本任务需要学生完成以下工作：

1. 制订人员分工计划；
2. 开展日常引流及直播引流。

表2-1-1　“土豆鱼儿”直播间商品清单

序号	商品描述	价格（元）
1	【2口味可选】其妙芝士芋泥流心雪媚娘蛋黄酥14枚装多口味糕点	9.9
2	【7盒装】天海藏麻辣小龙虾尾250 g　30～40只/盒　冷冻加热即食	99.6
3	【9.9元30包素肉】余同乐拉丝素肉豆干包邮	9.9
4	【自营】百钻无铝害迷你小油条500 g×2	28.8
5	厂家直销草莓巧克力酥性饼干300 g	9.9
6	【囤货】有你一面手工日晒面、酸辣金汤面10袋组合装	29.9

续表

序号	商品描述	价格（元）
7	【“粉丝”专享】桂花奇亚籽坚果藕粉羹 500 g	14.9
8	【拍 1 发 5】熊孩子芒果干 50 g×5 居家水果蜜饯果脯办公室休闲零食	19.5
9	【拍 20 袋送 4 袋】泓一黑麦吐司面包	9.9
10	【拍 1 发 5】红谷林小石子饼	19.9
11	好紫味非油炸兰州牛肉拉面 123 g×6 桶 /12 桶	24.9
12	老北京墨西哥鸡肉卷速食半成品 140 g×3 个	19.8
13	金汤小面买 4 桶送 4 桶非油炸囤货宵夜方便速食	19.9
14	辣五香钢化蛋活珠子喜蛋 10 枚 /20 枚 /30 枚 /40 枚	21.9
15	其妙米果卷 560 g 整箱约 100 根多口味能量棒糙米卷怀旧休闲零食	9.9
16	陕北黄小米 2 斤包邮	21.9
17	盛京记忆 QQ 鸡架 350 g/ 袋	33.9
18	食族人豌豆酸辣粉 2 桶 + 火辣爆肚粉 2 桶 + 胡辣椒香面 2 桶组合 6 桶装	39.9
19	【买 5 送 1】武汉热干面 164 g	19.8
20	【顺丰包邮】萧县面皮 200 g	24.8

相关知识

直播带货涉及的人员众多。广义来讲，直播产业链的成员，包括商品供应方、技术支持方、平台方、直播间工作人员，甚至观众，都是直播的参与者。狭义来讲，也是本教材重点关注的，即直播间的“人”，具体包括工作在直播镜头前后的工作人员和直播间的观众，后者是前者的服务对象。

一、直播工作人员落实

一场直播，从策划、选品、引流、开播到后期的复盘及订单跟踪处理，都需要具体的工作人员来完成，而这些人员的配置和分工，将直接影响直播效果和工作效率。

1. 人员配置

根据直播团队发起人的不同，可以把直播团队分为个人团队和机构团队两类。不同类型团队的人员配置和分工略有不同。

（1）个人团队

个人团队是以主播为核心，组织相关岗位人员搭建的直播团队。因主播的身份（独立主播或签约主播、新人或达人等）不同，其团队成员也会有很大的不同。

独立新人主播团队因条件所限，常常一人多岗，如主播兼运营、助理兼场控、客服兼售后等，甚至主播一人完成所有工作。

达人主播团队相对来讲人员数量更多，分工也更明确，一般会设置主播、助播、运营、投手、商务、中控、场控、客服、仓管、物流等岗位。因账号需要日常运营短视频引流，还会设置拍摄剪辑等岗位。

（2）机构团队

机构团队是以商家、MCN 机构为发起人组建的直播团队，通常以运营为核心组建，再设置主播、中控、场控、运营、投手、编导剪辑及客服等岗位。机构团队的组织架构会根据各机构具体的业务运营以及管理需求而设置，很多幕后的工作如招商、引流、售后等也会由专门的部门来完成，人员相对灵活。

2. 岗位分工

直播规模的大小、带货品类的不同，以及环境、场地、成本等因素，都会影响直播现场配置的人数。虽然人数不同，但工作环节不能减少，这就要进行合理的岗位分工。

（1）主播岗位

主播是直播间的灵魂人物，是一场直播中出镜最多的人，在信息传播、节奏控制、引流变现、“粉丝”运营方面发挥着重要的作用。

以主播为核心的直播团队，还承担着账号及“粉丝”运营、直播策划、招商选品、引流推广等重要工作，必要时可以身兼运营、场控、客服、美工等工作。

（2）运营岗位

运营就是推进直播工作实施，具体包括直播账号的策划、定位、推广引流，直播活动排期及内容策划等工作。

在以运营为主组建的直播团队中，运营岗位负责整体流程的建设、细化、分工、执行和优化，是非常核心的岗位。

（3）场控岗位

直播场控是在直播时调控直播间气氛的人，主要负责在直播过程中配合直播进度及直播方案，提升直播间“粉丝”活跃度和互动氛围、提高“粉丝”停留时长和购买兴趣。如果没有专职拍摄剪辑师的话，那么场控就要负责在直播前做好直播间设备等相关软硬件的调试工作，还要负责直播间中控台的操作，包括商品上下架、修改价格、发放红包及优惠券、上线优惠链接、统计活动中奖“粉丝”、监测实时流量及数据、推送视频或直播等。

（4）推广岗位

直播推广是重要的引流工作，对直播间的人数及变现有重要的影响。某些直播间

会承担商家品牌或重要商品的直播营销推广工作，因此会相应设置推广岗位。推广岗位主要负责品牌或商品的直播营销推广策划，包括推广目标、推广计划、推广内容、时间节点、直播后宣传方案等的策划。此外，还要负责推广策划方案的落地实施，如文案的落实、渠道的对接等具体执行工作。

（5）客服与物流岗位

客服岗位主要负责答疑及订单跟踪处理等工作。物流岗位主要负责货物的进销存管理，以及订单的相关物流工作，如安排发货、物流跟踪等。

在小型直播间，客服与物流工作往往由助播或场控甚至主播兼任，而在规模化的直播机构中，会设置专门的岗位。

（6）其他岗位

此外，直播团队中还经常出现助播、助理、投手等岗位。

助播主要在直播中给主播提供帮助，如配合主播展示商品，在主播离场或不方便时代播或补充话术等。

助理协助主播进行直播准备，直播时也可以助播身份出现，还负责直播后物料、数据整理等工作。

投手主要负责信息流广告数据分析，并依此制订投放计划和方案。还负责监测直播时的大屏数据，特别是要监测场观和流量的变化，以便随时调整投流的渠道、方式和投入等，投流前后也要进行相应的计划、总结工作。

二、直播间观众准备

直播间观众的准备，本质就是吸引更多的人来观看直播或访问账号，获得更多的流量，也是就引流。

知识窗

什么是引流？

引流就是吸引流量。流量是一个物理名词，是指单位时间内流经特定有效截面的流体量。该名词用于网络，指的是访问平台、店铺、直播间等的用户数量，直接反映了潜在用户的规模，是非常重要的量化指标。访问店铺的人数为店铺流量，进入直播间的人数为直播间流量。例如，有500人进了某直播间，则该直播间流量就是500。

1. 流量的类型

直播间流量的分类有很多种，按成本可以分为自然流量和付费流量，按流量来源可以分为平台内部流量和外部流量，按流量属性可以分为公域流量和私域流量等。

（1）自然流量和付费流量

自然流量是指不需要付费即可获得的流量，以账号发布的视频为基准，通过更新内容能够被自主刷到，从而获得流量。

付费流量则是需要付费才可获得的流量，如抖音账号通过 DOU+、巨量引擎、Feed 流、连麦 /PK、直播间传送门等工具，淘宝账号通过超级直播、爆品加热等工具投放广告进行引流。

知识窗

什么是 Feed 流?

Feed 流是抖音平台推出的直播间付费推广工具，属于巨量引擎的广告投放体系。这种推广工具允许用户在抖音的推荐页里直接将自己的直播间呈现给其他用户，特别适用于带货账号直播间的垂直流量引入。

（2）内部流量和外部流量

以直播账号所属平台为标准，所属平台内部的为内部流量，其遵循该平台的流量分配机制获得。所属平台外部的为外部流量，可以通过对外部平台的广告投放、“粉丝”运营吸引流量。如抖音账号在头条投放短视频广告引流，淘宝账号开设抖音引流账号，各类主播在小红书、微博发布图文类、视频类进行内容引流等。

（3）公域流量和私域流量

1）公域流量。公域流量是通过参与开放平台的内容曝光或平台活动等而吸引过来的流量，与平台的用户数量直接相关。例如，淘宝平台建立店铺、发布商品而吸引来的流量，抖音平台发布短视频吸引的“粉丝”流量等。公域流量的特点是黏性低、可掌控性弱，大部分是一次性流量，并且可以通过广告投放、宣传投放等进行购买。

2）私域流量。私域流量是通过某些“关系”形成初步信任之后的相对稳定的、属于个体可掌控的封闭流量，如 QQ 好友、微信好友、社群等。私域流量的特点是黏性高、用户稳定、可掌控性强，反复使用不增加成本，更利于塑造主播人设。

2. 引流的原则

引流工作是直播成功的前提和保障，通过引流，可以提升品牌的知名度、销量、“粉丝”量，增加直播间的热度、关注度及观看人数等，从而提升转化率和购买率。在开展引流工作时要遵守以下原则。

（1）精准原则

在开始直播引流前，需要明确目标受众以及他们的兴趣和需求，以便制定有效的引流策略。

（2）价值原则

引流内容需要有吸引力和价值，可以是商品、服务、活动或福利介绍等，关键是要让观众能够被吸引并感到有收获。

（3）互动原则

与观众进行持续、有效的互动，及时响应他们的需求，鼓励他们参与互动，从而增强观众的参与感，吸引更多的人进入直播间。

（4）周期原则

无论是内容发布还是直播，都应具有周期性，让观众知道何时来观看直播。定期更新也可以吸引更多的观众，并提高“粉丝”的忠诚度。

（5）推广原则

选择合适的推广渠道，如社交媒体、短视频平台等，将直播间推广到更广泛的受众群体中。同时，要根据不同渠道的特点进行优化，提高引流效果。

（6）持续优化

无论是引流内容、引流渠道，还是引流策略，都要及时进行数据分析与优化，了解观众的行为和兴趣，以便提升引流效率和直播效果。

（7）遵纪守法

在进行直播引流时，需要遵守相关的法律法规和平台规定，不做虚假宣传或误导观众，确保内容的合法性和合规性，以利于长期发展。

3. 引流的方法

按引流目标侧重点及执行时间的不同，可以将引流方法分为直播账号日常引流和直播引流两种。

（1）直播账号日常引流

账号的“粉丝”是账号直播时的主要流量来源。账号的每一个动态、所承载的全部信息，都处于随时可触发和传播的状态，也就随时在进行着引流工作。账号日常引流主要有以下几种方式。

1）账号 IP（知识产权）引流。账号从创建开始，即需要通过账号 IP 化来吸引关注。比如个性化的账号名称、头像、账号描述、所属垂直领域等标签，这些都自带一定的流量属性，可以通过平台推荐或用户主动搜索获得关注。所获得的“粉丝”将成为直播间的基础流量，因培养期较长，所以也是最易变现的流量。

2）内容引流。为了获得更多的平台推荐和用户关注，账号周期性地发布或更新动态、活动、话题、主题视频等，都能提升账户的关注度。比如某头部主播与当红明星的友爱互动，直接吸引观众对该主播账号的关注。

新视界

某旅游类账号养成记

某旅游类直播账号，凭借过硬的资质、优质的内容及独特的直播风格，成功吸引了大批“粉丝”，并将旅游及相关周边商品在线上推广销售，如图 2-1-1 所示。

图 2-1-1　账号基本信息、发布内容

账号名称：充满博学气息，既风趣又有一定的专业可信度。

背景图：主题为“关注我带您游北京”的背景图，蓝 V 认证及资深专业团队合照，强化了账号“北京专业导游”的垂直领域，同时锁定了关注北京旅游、北京文化的“粉丝”群体。

账号描述：对账号的身份、内容及经营范围进一步解释，强化账号定位。

内容（作品）：以“主播＋打卡地＋趣味主题”的形式高频更新，寓趣味性、知识性于一体，极度吸睛，有很好的吸粉引流效果。

商品：极具特色的、具有国家资质的“景点深度讲解”团购项目和有着丰富国货气息的商品橱窗，为账号提供了引流变现的途径。

3）“粉丝”运营引流。通过对新老“粉丝”的频繁互动，如话题讨论、福利发放、活动优先、内容投放等，提升其黏性，并鼓励以老带新，进一步扩大“粉丝”团队。“粉丝”运营还可以进一步激活“粉丝”，剔除虚假“粉丝”，从而获得精准目标用户。

4）其他方式引流。此外，还可以通过其他方式引流，以进一步提高账户的知名度和关注度。

①评论区引流：在各大热门平台的优质内容中发表评论，以吸引用户关注。

②背景图引流：在平台允许的情况下，可以在背景图中添加微信、公众号信息，注意要调整好图片的尺寸，尽量让用户不下拉就能看到完整的信息。

③私信引流：可以在私信中发送文字、图片、视频等，通常配合福利引导“粉丝”添加私信，将流量私域化。蓝V认证账号可以在主页显示官方电话和官方网站，也可以在一定程度上将流量私域化。

新视界

一名美食主播的日常引流

某美食主播开通账号不到两年，已经成长为拥有超1 500万“粉丝”量的抖音大号，并仍保持着迅猛的发展势头。该账号之所以取得成功，与该主播在以下几方面的努力是分不开的。

1. 账号IP化：该主播性格豪爽仗义，吃苦耐劳，擅长制作东北地道特色美食，是一名颇具东北特色的美食主播，并通过各种方式强调自己的定位。

2.“粉丝”运营：该主播同时拥有直播平台内部社群、家人生态群、微博及头条等平台“粉丝”阵营，初步形成了“主账号＋家人账号＋加盟账号”三级内容生产体系，经常向“粉丝”同步或区别发放短视频、话题、福利、直播预告等各类信息，和“粉丝”建立亲密稳定的联系。

> 3. 内容创作：该主播以东北农村生活为主要题材，经常在直播账号及其他平台发布自己和家人、朋友真实的生活点滴以及商品推广视频等，吸引新老“粉丝”关注。

（2）直播引流

为了区别日常引流，一般将针对直播活动开展的专项引流工作统称为直播引流。直播引流与日常引流的周期和主题都有很大的不同，但两者的流量是可以互相转化的。

直播引流的工作大致可以分为以下三个阶段。

1）直播前。直播的预告阶段，这一阶段的引流方式主要是制作视频或文案形式的直播预告、商品广告等，并在各大平台发布，起到广而告之的作用。

2）直播中。这一阶段直播已经开始，向外可以通过转发直播视频片段、福利吸引、付费广告等多种形式，吸引各大平台的随机流量；向内可以通过与观众互动、回答观众问题、进行抽奖活动、鼓励打赏等方式，增强观众的参与感和黏性，提升观众停留时长。

3）直播后。在直播结束后，将直播回放分享到其他社交媒体平台或微信群等，借助直播的长尾效应，总结展示直播的效果、“粉丝”收益等，激发未观看直播“粉丝”错失机会的遗憾心理，吸引更多的“粉丝”关注直播间，为下一场直播助力。

4）其他。还可以通过与其他主播、网红、达人等进行合作，在各时段进行互相推广，吸引更多的观众进入直播间，如现场连麦、驻场互动等。

考虑账号运营需要及各渠道流量布局，各种引流渠道和方式往往交叉组合使用。如某抖音账号，以抖音、头条两大平台为核心发布视频引流的同时，对哔哩哔哩、微博的“粉丝”进行重点内容运营，在知乎、百家号、爱奇艺等平台进行广泛信息传播分发，又涉足小红书平台进行“种草”，阶梯布局、资源倾斜、广泛引流，如图 2-1-2 所示。

直播提醒　　外部引流　　广告引流

图 2-1-2　抖音账号几种常见的引流方式

任务执行

1. 分组，并按预期工作要求进行分工。

2. 根据任务资料，完成以下工作：

第一阶段：团队成员选择及分工

- 步骤 1：选择主播。
- 步骤 2：以主播为核心，组成直播团队，该团队要求至少包括一名主播、一名场控及一名运营。
- 步骤 3：选定团队成员后，全体成员进行头脑风暴，罗列直播相关岗位及主要工作职责，对成员工作进行合理分工，确定最后团队的人员数量及工作安排，填写表 2–1–2。

表 2–1–2　“土豆鱼儿”直播团队岗位设置一览表（示例）

序号	岗位	职数	工作职责
1	主播	1	①开播前熟悉直播流程、商品信息，以及直播脚本等内容；②在直播中介绍并展示商品，与观众进行互动，活跃直播间气氛，介绍直播间福利；③直播结束后，通过各种渠道提高曝光度，定期向活跃观众发放专属福利，以提高观众的黏性
2	运营	1	①规划直播内容，确定直播主题；②根据直播主题准备直播商品；③策划并撰写直播脚本；④做好直播前的预热宣传工作；⑤规划好开播时间段，做好直播间引流工作；⑥协调直播人员的关系，解决直播间突发的问题等；⑦进行直播复盘，分析直播数据，总结直播经验，提出建议与优化方案
3	场控	1	①直播前进行摄像头、灯光等相关软硬件的调试；②负责直播中控台的后台操作，包括直播推送、商品上架，以及实时直播数据监测等；③接收并传达指令，若直播运营有需要传达的信息，场控在接到信息后要传达给主播或助播，由他们告诉观众
4	……	……	……

第二阶段：账号维护及日常引流

- 步骤 1：编写一份账号日常引流提纲，要求至少提出 3 种以上活动，并简单描述引流的主题、形式及发布渠道，完成表 2–1–3。

表 2-1-3 “土豆鱼儿”账号日常引流提纲（示例）

“土豆鱼儿”账号日常引流提纲	
活动形式	活动 1：内容引流　活动 2：“粉丝”运营引流　活动 3：评论区引流
	主题：零食试吃评测 形式：短视频　发布渠道：抖音

● 步骤 2：根据直播计划，为账号制定日常引流活动方案，完成表 2-1-4。

表 2-1-4 “土豆鱼儿”账号日常引流活动方案（示例）

“土豆鱼儿”账号日常引流活动方案	
引流主要活动	内容引流，“零食狂欢节”专场直播活动，巨惠来袭
引流形式及内容	1. 制作直播预告海报，主要包括活动主题、优惠福利、品牌商品等 2. 发布单品推广短视频，15～30 秒，聚焦卖点，突出利益

任务完成后，请根据表 2-1-5，对任务完成情况进行总体评价。

表 2-1-5 小组任务完成情况评价表

任务编号		任务名称			
小组名称		小组成员			
评价项目	**评价标准**		**评价分值**	**得分**	**备注**
知识目标	直播人员	◇ 了解常见直播团队的人员配置 ◇ 熟悉直播团队常见岗位的职责	10		
	观众	◇ 了解流量的定义及类型 ◇ 了解日常引流、直播引流的原则及方法	10		
技能目标	直播工作人员落实	能制订人员分工计划	30		
	直播间观众准备	◇ 能进行账号维护及日常引流 ◇ 能为直播活动引流	30		
素养目标	团队意识	小组合作，分工明确，服从安排	5		
	时间管理	时间分配合理，遵守计划安排，按时完成	5		
	学习态度	积极、主动、探究	5		
	其他	其他相关素养，如文学修养、协作精神等	5		
综合得分 / 评价等级：			评价人 / 日期：		
说明：评分范围为 A 到 D。A 对应“优秀”（≥85 分），B 对应“良好”（≥70 分，<85 分），C 对应“合格”（≥60 分，<70 分），D 对应“不合格”（<60 分）					

学习任务 2　物料准备

学习目标

知识目标

1. 了解选品的原则、方法及渠道等
2. 熟悉样品的种类、验收的标准
3. 了解商品管理的内容，商品信息的分类，商品上架、发布的流程及路径等
4. 了解辅助物料的组成、分类及准备要求

技能目标

1. 能选择直播商品
2. 能验收样品
3. 能上架并发布商品
4. 能准备直播的辅助物料

任务下达

“土豆鱼儿”直播间将于本周五晚 8 点，开启一场“零食狂欢节”专场直播。

本任务需要学生根据账号定位和活动主题，完成以下工作：

1. 选定直播商品并准备充足合格的样品；
2. 完善商品管理工作，提前上架好直播商品；
3. 准备充足的辅助物料。

相关知识

开播前的物料准备，主要包括三个方面：一是准备实体“货”，即选品、备货及验收等；二是准备虚拟“货”，即在平台系统录入商品信息，进行上架管理；三是为了优化直播效果，准备一些辅助物料，如样品、辅助工具、宣传资料等。

一、实体“货”的准备

实体“货”即直播间出售的商品，可以是合作企业或品牌商指定的商品，可以是自营或第三方店铺的商品，也可以是平台提供的自选商品。无论是来自哪里的商品，在最终进入直播间销售前，都要进行一系列的筛选、验收工作。

1. 选品

和任何销售渠道的逻辑一样，直播带货，本质是“货”。“货”即商品，无论是传统的实体店铺还是电商直播，销售商品都是核心要务。因此，选择好货是直播带货成功的前提。

知识窗

什么是好货?

直播间的好货应具备以下“三优”属性:

1. 优质的货品

指的是直播间商品品类丰富，或者有特色商品，尤其是观众喜爱度高的品牌商品，本身自带流量，是直播间人气和成交量的关键所在，也是降低售后投诉和纠纷的保证，如基地直播的新疆阿克苏冰糖心A级苹果等商品。

2. 优质的价格

指的是直播间商品价格低于市场价，或者有较大优惠，让观众觉得在直播间能够买到高性价比的商品。值得注意的是，这里的低价是遵从市场规律的合理低价，既能让观众感受到真诚的让利，同时也应兼顾卖家的收益。如上款苹果，市场价10.9元1斤，直播间39.9元5斤包邮。

3. 优质的服务

指的是观众在直播间购物之后，能够享受到快捷的物流、及时的客服沟通、安心的售后服务等，让观众对直播间产生信任。如上款苹果，给予观众顺丰包邮、坏果包赔的服务。

(1)选品的原则

1)匹配性。主营商品要与直播间的风格、定位相匹配，有利于在观众心目中树立、强化店铺品牌和主播人设，也更能满足观众的需求。例如，美妆主播推荐一

支口红将比推荐婴儿奶粉更有说服力，因为观众对主播的信任是建立在其对美妆商品的专业性上。同理，主营平价日用品的主播如果推荐高级腕表也会显得十分突兀。

2）时效性。指的是短期内流行的或需求高涨的热门商品。这类商品既包括短期内突然需求上升的商品，也包括流行性商品或包含流行元素的商品。例如端午的粽子、中秋的月饼、夏季的防晒品等节日、季节性商品。

3）特色性。特色性商品可以是独有的、新奇的商品，如新品、独家或者限量版商品，也可以是有创新和设计感的商品，更能吸引观众关注。

4）高性价比。安心的品质可以增加观众的满意度和忠诚度，有竞争力的价格可以促使成交、提高转化率。

（2）选品方法和渠道

选品是一项非常系统和复杂的工作，一般情况下，可以从以下几个方面入手。

1）对标账号选品。对标账号选品是一种方便快捷的选品方式，就是选择账号定位、用户相似且运营状态好的同类目大主播账号，分析其带货商品清单，并从中选择适合自己带货的商品。如图 2-2-1 所示，某萌宠主播主要带货宠物用品，可以通过其销量、品类、价格等因素进行分析，从中选择适销商品。

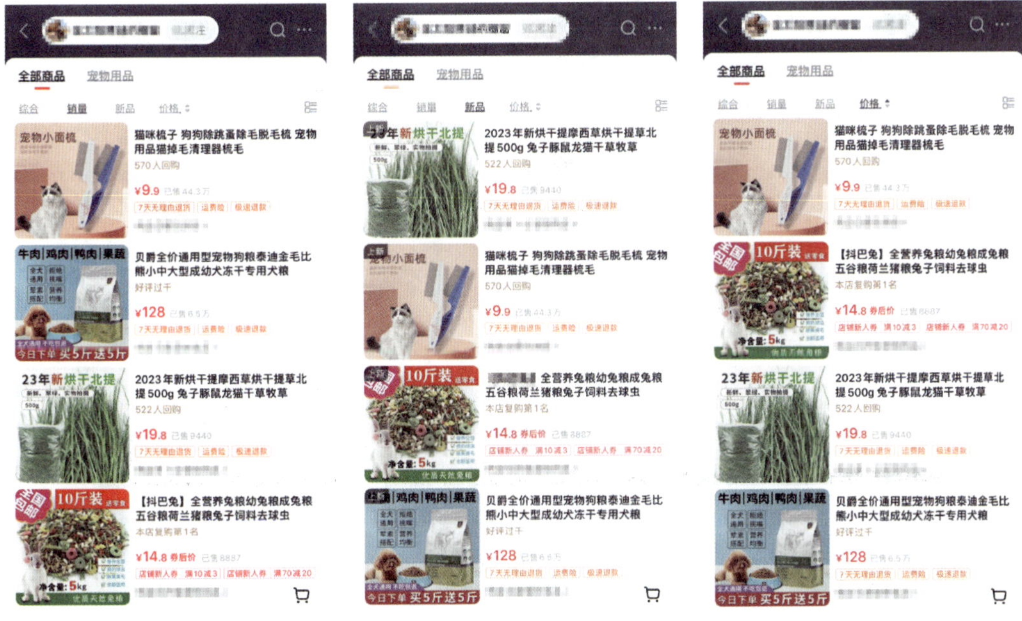

图 2-2-1　对标账号按销量、新品、价格因素分类的商品列表

知识窗

什么是“对标账号”？

“对标账号”可以简单理解为：当前账号未来成长的目标，也就是类目相同、风格相似、用户画像重叠且运营状态良好的大主播账号。如想要带货化妆品类目，就可以选择该类目下排名前十的账号，分析这些账号的选品、引流、用户画像等，进行模仿改造，再逐渐形成自己的账号风格。

2）平台推荐选品。大部分的直播带货平台，为了方便主播选品，都提供了商品库或第三方平台接入端口。以抖音平台为例，主播中心的电商带货栏目即有“选品广场”可供使用。进入“选品广场”，可根据平台的“橱窗爆款”或按商品分类等方式，自行选择商品加入选品车中，如图 2-2-2 所示。

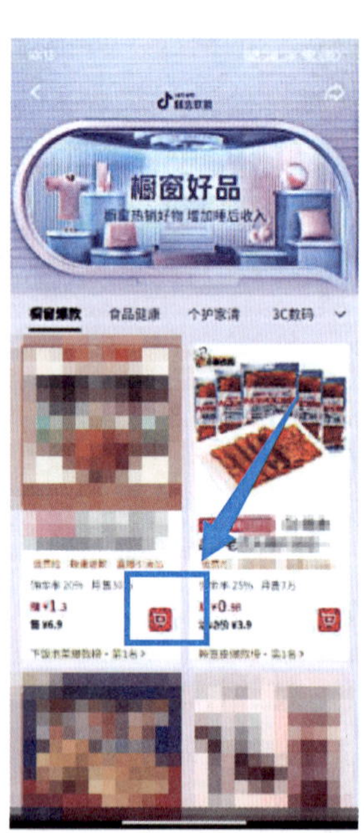

图 2-2-2　平台推荐选品路径

3）经验选品。有一定直播经验的主播，可以利用自己的历史直播带货数据，或者借助一些工具进行行业预测，观察行业内的市场趋势，或者直接开展市场调查，分析目标品类商品在市场的受众情况，以此进行选品。

4）短视频选品。有条件的主播，可以借助图文、短视频等内容，自行或观察其

他账号商品投放推广效果，一旦投放效果好，可以为自己的选品提供参考或直接列入直播的商品清单中。

5）其他。除此之外，还有很多选品途径，例如：

①利用关键词在搜索引擎或电商平台进行选品，如图 2-2-3 所示，在 1688 平台利用关键词选择优先排名的商品。

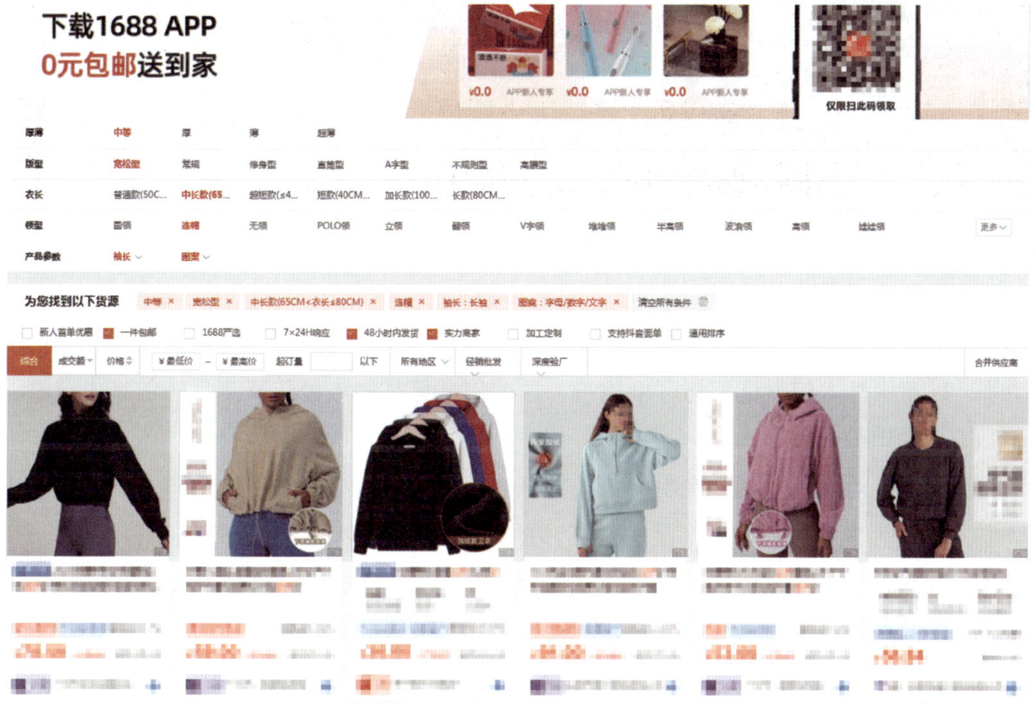

图 2-2-3　1688 平台关键词选品示例

②调查直播平台的商品销售数据，选择符合季节和时尚趋势的热卖商品。如图 2-2-4 所示，在抖查查工具软件上，通过热门商品榜查看热销商品。

③开设“心愿单”，由“粉丝”推荐意向带货商品。

④选择刚需商品，更容易被观众接受。

需要注意的是，以上方法不只可以单独使用，更可以相互结合使用。同时，直播选品的方法及渠道也应根据账号定位、市场趋势等进行灵活调整。

2. 样品验收

确定好带货商品后，需要向供应商采购或要求对方提供足够的样品，以检查拟带货的商品是否能够满足直播的要求，并为后续所需的试用、展示及陈列做好准备。样品到货后，为了保证直播的质量，需要对样品进行核验，也便于进一步熟悉商品。

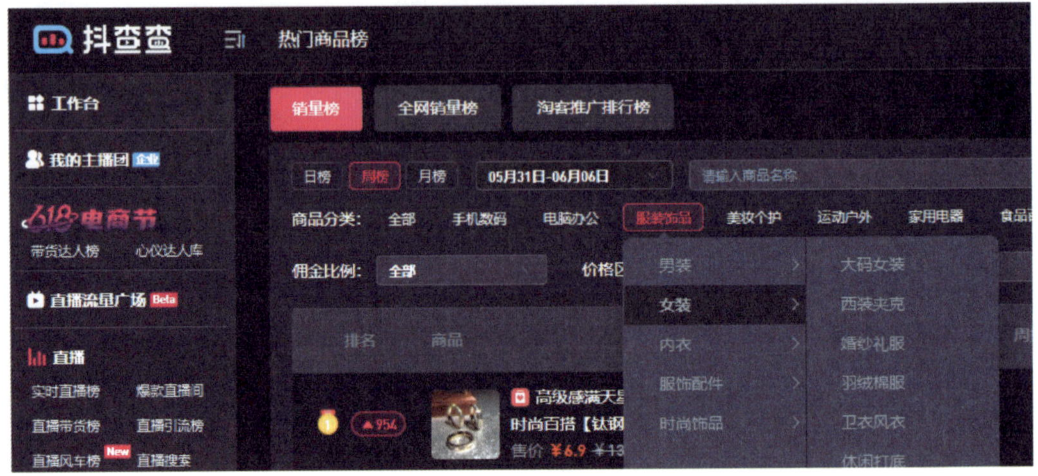

图 2-2-4　抖查查热卖商品选品路径

（1）对版验收

收到样品后，首先要确定商品是否对版，主要包括收货人信息、商品名称、规格、型号、数量等基本信息是否与订单相符，这些信息可在物流包装及商品外包装中查看。

（2）物理验收

确认商品对版后，并且在物流包装完好的情况下，应打开外包装，再次核对品名、型号、数量等基本信息，对商品进行初步的物理属性检验，如检验商品的包装有无破损，外观是否完好，颜色、尺寸和重量是否正确，配件是否齐全等。

（3）品质验收

商品的品质验收主要是检验商品的使用性能，而检验商品使用性能的重要手段就是试用，如皮箱，可以通过试用检验万向轮的旋转，箱体的承压、防水及实际容量等。

新视界

“最倒霉”的手机

华为 mate60 系列手机自上市以来，凭借其出色的性能及配置，在迎来各方关注的同时也遭遇了史无前例的极端检测：各种高科技拆机实验，地下室、地铁的信号检测，以及为了检测昆仑玻璃的强度，各种抛、摔、砸甚至汽车碾压轮番上阵，堪称史上“最倒霉”的手机。

二、虚拟“货”的准备

虚拟“货”的准备主要是进行商品上架管理，就是通过系统操作发布商品信息，方便观众查看。直播间的观众看不到真实的商品，因此，能够传递给他们的商品信息就非常重要，直接影响到观众的消费决策。为了准备好这些信息，顺利完成商品上架操作，需要完成以下工作。

1. 商品策划

（1）功能定位

直播间的商品，有的是负责引流的，有的是负责提升销量的，有的是负责提高利润的，因其承担的任务不同，一般将直播间的商品分成以下几种类型。

1）引流款。引流款的意义是让直播间有更好的数据，如单场观看量、观众停留时长等，以拉高人群权重，所以引流款商品应该是低价且拥有极高吸引力的，比如人群接受度广、使用频率高、用量大且定价极低的生活用品等，吸引直播间的观众去抢购。

2）主推款。主推款是贡献直播间销售额的主力，价格要比引流款高，是重点介绍的商品。主推款一般选择接受度高、有特色的商品，如大品牌的新品，对标直播间的爆款、网红商品等。

3）利润款。直播间推出利润款商品的目的是为直播间产出更高的利润，同时能拉高直播间客单价。既要利润高又要卖得好，选品时就要尽量选择不方便货比三家的商品，如具有独特卖点的、专供的商品。

4）形象款。形象款也叫高端款，用于提升直播间的形象。这类商品的普遍特征是高颜值、高品质、高客单价、极小众，只针对细分的少量客户群体。

5）赠送款。为了提升直播间的销量，或配合某些商品的特殊销售环节，可以选择一些功能互补的商品。这类商品直接让观众的利益变现，通用性、识别度都很高，如买裤子送腰带、买衣服送胸针等。

（2）商品定价

直播间的商品价格是直播间的核心竞争力之一，要想让直播间的商品价格更有竞争力，可以使用以下常用的定价方法。

1）折扣定价。这种方法比较简单，直接将各单品的销售价按一定标准打折，注意折后的价格要有竞争力。

2）主导商品定价。这种方法常用于组合商品定价，即两个以上商品组合销售，其中主打款采用实体店的定价，但组合大量的赠品，让观众感受到直播间的超值让利，从而果断下单。

3）满减定价。达到一定数量或金额后，享降价优惠，如买 1 发 2、买 5 发 3，1 件 9 折、2 件 8 折，或者购物满 300 减 50 等。这种定价方式可以让观众感觉优惠力度特别大，从而提高整体购买数量。

4）互补品定价。对于必须配套使用的组合商品，可以将主要功能商品定低价而配套商品定高价。对于耐用品而言，如果其配套商品是消耗品，可以采用这种定价方式，如蚊香片定高价、驱蚊器定低价，桶装水定高价、饮水机定低价等。

5）捆绑式定价。这种定价方法常用于套装组合，是一种利润较高的定价方式。化妆品套装、厨具套装、零食套装等通常使用这种定价方法。

6）心理定价。心理定价的本质就是让观众感到“物超所值”，如 9.9 元的价格，感觉比 10 元便宜很多。

新视界

直播间定价揭秘

例一：一条裙子实体店是 399 元一件，在直播间可以亮出吊牌价（原价 2 999 元），但是直播间的价格是：399 元 = 裙子 + 项链 + 腰带 + 瘦腿袜。

实际上，最贵的就是裙子，其他的配饰成本都不高，但是这样组合，会让直播间的观众感觉超值，这样就实现了高客单价的销售。

例二：将单价 59 元的商品，定价为：130 元买 1 发 2 送 1 个 10 元的礼品，在定价略涨的情况下仍比单个卖销量好。这是因为，相比没有任何附加的 59 元单价而言，观众看到了实惠：买 1 发 2，10 元礼品（实际价格可能更低）。

例三：原价 399 元 1 条的裤子，直播间只要 199 元，还送价值 129 元的百搭小牛皮时尚腰带 1 条。

例四：第 1 件 199 元，第 2 件 99 元，第 3 件 0 元，拍 3 件最划算。数量的选择、层级的多少可灵活制定。

需要说明的是，大多数主播的定价基础是进货价，因此直播间的售价往往是在进货价的基础上加成，不同品类的商品、不同实力的主播以及不同的直播间定位等，都影响着加成的力度。但不管如何，最后的综合定价应能全面覆盖成本才有盈利的可能。

（3）卖点提炼

商品的卖点是吸引观众购买商品或服务的理由，是主播推介的重要内容。好的卖点不仅能延长观众停留时长，增加人气，更能提高直播间的转化率。通常从“商品、用户、竞品”三个不同的维度去分析商品的卖点，并最终提炼出核心卖点，也就是“三维卖点提炼法”。

1）基于商品维度提炼卖点。从商品维度进行卖点提炼，首先要独特，即挖掘商品的固有、特有属性，在商品高度同质化的时代，只有优先发现并传递“人无我有，人有我优”的商品差异化定位，才能获得更多的市场机会。

商品维度的卖点可以从品牌差异，即品牌的荣誉、品牌的权威性、品牌的情怀、品牌的行业地位、品牌的故事等方面去深入挖掘；也可以从商品属性，如材质、工艺、功能、造型、质量、产地、标准、使用场景、环保等方面进行挖掘；还可以从营销创新角度出发，即在营销方面推出新定位、新概念、新类别，或者是发掘使用、购买的新用户等，挖掘出商品的新价值，激发用户对商品的新需求，如“能洗地瓜的洗衣机”“可折叠的电热水壶”“踩不湿的鞋子”等。

2）基于用户维度提炼卖点。从用户的角度出发，挖掘商品能给用户带来的价值，如商品能帮用户解决的问题、带来的益处、提升的效率等，只有与用户的核心利益紧密相关，才能有足够的说服力。例如，遮阳帽让女性消费者不但夏天可以轻便出行，而且可以让帽子成为时尚着装的一部分。

3）基于竞品维度提炼卖点。从竞品维度出发分析卖点，主要是从分析竞品的优缺点和差异化入手，来寻找自身商品的独特优势。既要分析竞品的优缺点，同时也要分析用户对于竞品最满意和最不满意的地方。根据自身商品的情况，针对竞品的优势部分采用回避的方法，针对竞品的劣势部分进行针对性宣传，将竞品的劣势转化为自身商品的优势。

除了优劣势的对应宣传之外，商品的差异化也是竞品分析的内容之一。差异化既包括商品功能的差异化，也包括商品定位、运营策略和盈利模式的差异化。例如，“能洗地瓜的洗衣机”在功能性方面未必比其他洗衣机更优异或更创新，但对于种植农户来讲却具备了最好的功能，从而开辟出了新的市场需求。

2. 商品上架发布

商品上架就是把商品信息上传到带货的平台，让观众在主播账号中能够购买商品。

（1）准备信息

为了保证商品的顺利上架，在进行商品上架操作之前，先要准备一些商品信息。关于商品信息的内容，各平台的要求大同小异，以抖音平台为例，主要包括以下内容。

1）基本信息。包括商品的名称、品牌、产地、材质、规格及型号等。为了获得更多的关注，首先要给商品准备一个方便搜索、易于激发观众兴趣的名称，并根据平台规则选定商品的类目。为了让观众更多地了解商品信息，还要对商品的属性和详情进行描述，如图 2–2–5 所示。

2）视图信息。主要包括商品图片、讲解视频、文字详情等，方便观众更直观、深入地了解商品，如图 2–2–6 所示。

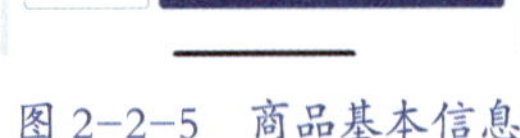

图 2–2–5　商品基本信息

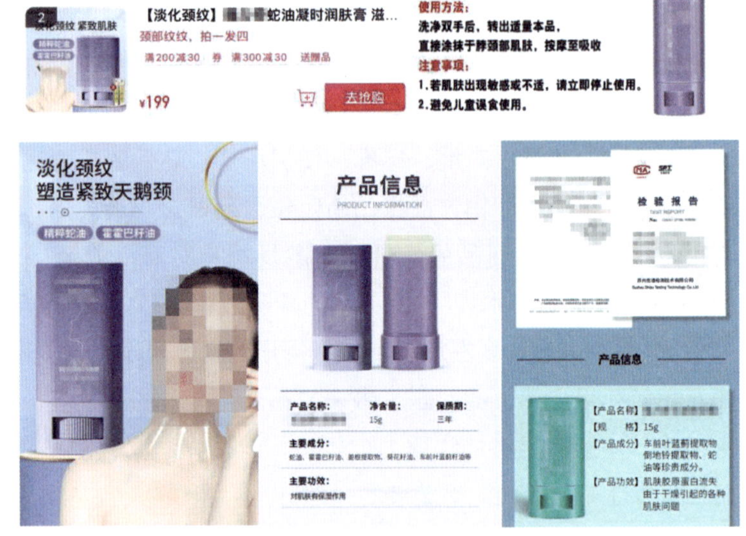

图 2–2–6　常见的商品视图信息

3）价格库存信息。具体包括三个方面：

第一，商品价格，设置售卖价和划线价；

第二，发货模式，在现货发货模式、全款预售发货模式、阶梯发货模式三种中选择一种并对应填写发货时间，现货发货模式下发货时间有 24 小时和 48 小时可选；

第三，订单库存计数，可选下单减库存或付款减库存，还可以设置商品限购，有用户累计限购多少件、每次限购多少件、每次至少买多少件三种选择。

4）支付设置，有在线付款和货到付款可选。

5）服务资质，在物流方式中选择运费模板后，填写客服电话、质检报告、人物肖像权等相关服务资质。

（2）上架发布

上述内容准备完成后，即可发布商品，完成商品后台准备。登录账号后，一般进行以下操作：

第一步，进入商品管理界面新建商品，把准备好的商品信息逐一填写好后，通过平台审核，在商品管理界面即可看到“上架”选项，点击即可上架商品。

第二步，在商品上架界面中，点击“发布”按钮，直播间的观众就可以浏览商品信息了。

为了方便主播操作，很多带货平台提供了更加简单的操作路径，如淘宝平台在登录主播账号后，可以直接进入平台提供的“开单爆品”，从中选择商品加入“带货车”（见图 2-2-7、图 2-2-8），开播后随时在直播页面点击“上架”（见图 2-2-9），进入选择商品界面，点击选中的商品（见图 2-2-10），直播间就会出现相应的商品链接（见图 2-2-11），还可以对商品进行即时的商品讲解录制（见图 2-2-12）。

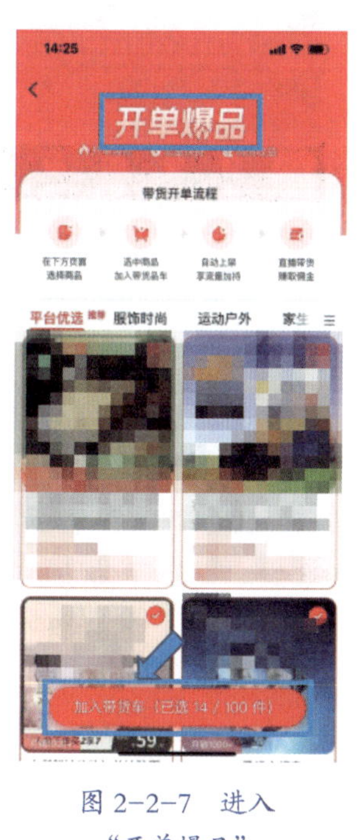

图 2-2-7　进入“开单爆品”

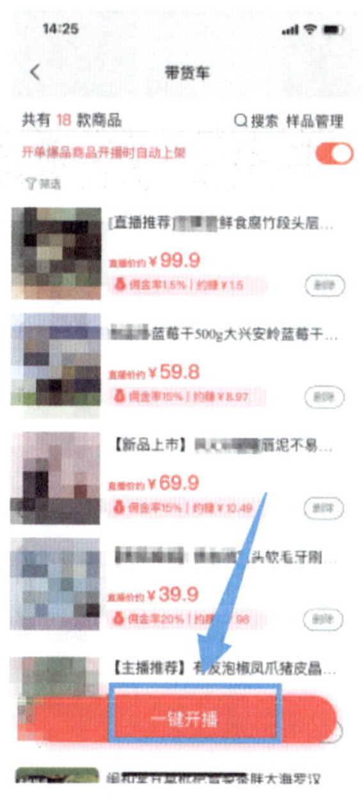

图 2-2-8　选择商品加入“带货车”

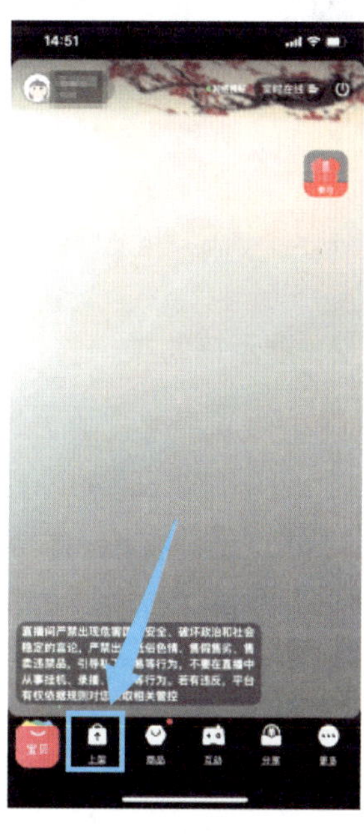

图 2-2-9　开播后点击“上架”

三、辅助物料准备

直播辅助物料大致可以分为商品样品类、展示辅助类、信息补充类及其他可以提升直播效果的物料。

1. 商品样品

直播前，需要准备直播所需的商品样品，确保其数量充足、型号准确，以便在直播过程中展示和演示。同时，要确保商品的质量和外观符合要求，以提升观众的购买欲望。示例参考表 2-2-1。

图 2-2-10　选择“上架”商品

图 2-2-11　商品链接

图 2-2-12　商品讲解录制

2. 展示辅助类

除了商品本身，还需要准备一些展示道具，如展示架、展示模型、陈列柜等，以更好地展示和突出商品的特点和优势，同时确保展示道具的质量和设计与商品相匹配。

此外，根据直播内容的需要，通常还要准备一些辅助道具，如化妆工具、家居布置用品、烹饪器具等，以帮助演示和说明商品的使用方法和效果。需确保辅助道具的选用和使用方式与商品相关，并提升观众的参与度。示例参考表 2-2-1。

表 2-2-1　藕粉的直播样品及辅料清单一览表

序号	名称	用途	数量	备注
1	整箱（销售单位）藕粉	◆ 陈列、展示、拆包 ◆ 单位商品数量说明 ◆ 展示品牌、品质等	不少于 2 件	分别准备空箱和未拆封的整箱
2	独立小袋藕粉	◆ 陈列、展示、拆包 ◆ 使用展示	若干	需准备剪刀
3	精美透明玻璃碗	◆ 冲调藕粉	1～2 个	需提前清洁
4	精美长柄调羹	◆ 试吃藕粉羹	1～2 个	需提前清洁
5	热水壶	◆ 烧水	1 个	注意电源、水温控制
6	冲调好的藕粉羹	◆ 展示、试吃	1～2 碗	提前试验，保证卖相完美

3. 信息补充类

为了更好地帮助观众了解商品，除了上述各类实物类辅助物料外，因条件限制或为了更好地展示，直播间往往需要准备图片或可播放的视频作为背景（见图 2–2–13）；为了提升直播效率，直播间还需要做一些浮字、贴片、陈列或手持类广告，以展示一些需要重点强调或高频出现的信息（见图 2–2–14），如促销期间的价格及优惠信息、活动或品牌的名称信息等。这些资料可以提前制作完成，方便直播时配合展示。

图 2–2–13　直播间常见的图片、视频背景信息

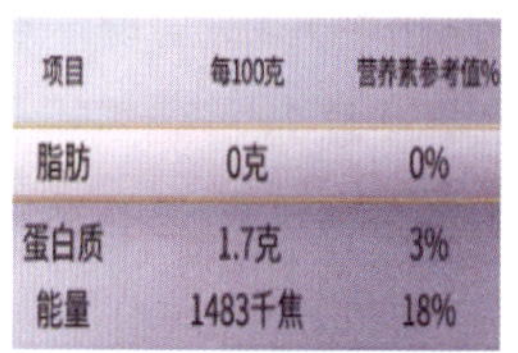

项目	每100克	营养素参考值%
脂肪	0克	0%
蛋白质	1.7克	3%
能量	1483千焦	18%

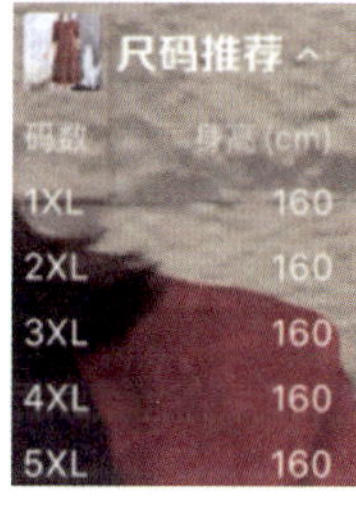

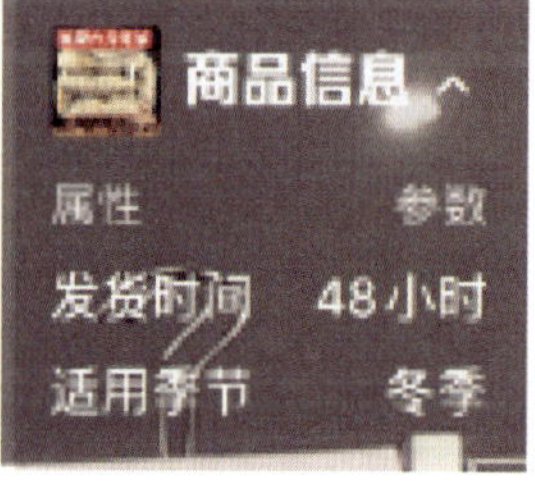

图 2–2–14　直播间常用的各类补充信息：零脂提示、质量证书、尺码贴片、商品信息

下面介绍两种常见的广告工具。

（1）直播贴片

贴片是直播间常见的售点广告，可以向观众传递福利优惠信息、商品关键信息和互动活动指引（见图 2–2–15），具体如下：

一是福利优惠信息。大多数观众在直播间购物的出发点就是福利优惠多，所以福利优惠信息可以用贴纸直接放在直播画面中，吸引观众的关注。当赠品数量较多时，仅靠主播讲述可能观众仍然记不住，而且赠品通常体积不大，放在直播展示台上也不太容易看清楚，此时可以直接放置贴片，图片加文字的显示一目了然，让进入直播间的观众一眼就能看到有什么样的福利和优惠，有利于提升观众停留时长和商品点击率。

二是商品关键信息。商品价值利益点、商品尺寸规格、商品适应人群等信息，用

图 2-2-15　直播间常见的贴片、弹窗形式

贴片的形式可以一目了然地展现。例如，服装直播间既可以放模特身高、体重和试穿尺码给观众参考，也可以放商品各尺码一览表，便于观众快速了解商品信息，避免了观众在评论区输入文字问询，大大提升了购物体验感。

三是互动活动指引。直播间在发放福袋、红包时，采用贴纸形式并配合滑动设置，可以避免主播多次重复，便于观众更好地参与互动，提升互动率。

（2）直播弹窗

直播弹窗是指在直播过程中出现的广告挂件或卡片（见图 2-2-15），通常以弹出的形式呈现，突然出现在屏幕上，能够吸引观众的视觉注意力。在主播讲解某件商品的过程中，可在直播间下方购物车标签处多次设置商品的动态弹窗，提示观众正在讲解的商品，引导观众点击查看。动态弹窗也可以做成购物车手势指引，配合主播话术在直播页面呈现，提升商品点击率。

有些弹窗还可以用于邀请观众参与互动活动，如抽奖、答题等，增加观众的参与度和黏性。

4. 其他

直播间为了创造更好的直播效果，还可以准备一些承载品牌、商品、活动、福利等信息的、形式内容多样的物料，也可以是背景音乐、声效等配合直播使用。

知识窗

制作直播物料的常用工具软件

1. 图文制作软件

计算机端图文制作常用软件有：图怪兽、创客贴、Canva 可画、Fotor 懒设计、稿定设计等。

移动端图文制作软件有：美图秀秀、海报工厂、百度魔图等。

2. 视频制作软件

计算机端视频制作软件有：Pr（Premiere）、AE（After Effects）、AU

（Audition）、会声会影等。

移动端视频制作软件有：快剪辑、剪映、快影、一闪、必剪等。

此外，目前各类手机自带的图像处理软件功能也很强大，能满足日常需要。

任务执行

1. 分组，并按预期工作要求进行分工。

2. 根据任务资料，完成以下工作：

第一阶段：从商品库选择商品

● 步骤 1：进入抖音平台的选品广场界面，从平台推荐的“橱窗好品”中选择 1～5 件商品，填写商品信息表（见表 2-2-2）。

表 2-2-2 “土豆鱼儿”直播间带货商品信息一览表（示例）

序号	商品信息				备注
	品牌	商品描述	规格型号	零售价格（元）	
1	其妙	芝士芋泥流心雪媚娘蛋黄酥	14 枚装	9.9	2 种口味可选
2	大海藏	麻辣小龙虾尾	250 g 30～40 只 / 盒	99.6	7 盒装
3	余同乐	拉丝素肉豆干	30 包	9.9	包邮

● 步骤 2：重复以上工作，为本场直播准备 20 款直播商品。

第二阶段：样品验收

● 步骤 1：准备好一些商品作为样品，填写商品验收清单（见表 2-2-3）。

表 2-2-3 直播间样品验收表（示例）

商品		是否对版	数量	规格型号	完好性		其他
					包装	性能	
实物样品	其妙芝士芋泥流心雪媚娘蛋黄酥	是	10 袋	14 枚 / 袋	内外包装完好	保质期内	外观、口感与描述相符，配料表干净

续表

<table>
<tr><th colspan="2" rowspan="2">商品</th><th rowspan="2">是否对版</th><th rowspan="2">数量</th><th rowspan="2">规格型号</th><th colspan="2">完好性</th><th rowspan="2">其他</th></tr>
<tr><th>包装</th><th>性能</th></tr>
<tr><td rowspan="2">实物样品</td><td>大海藏麻辣小龙虾尾</td><td>是</td><td>10 盒</td><td>250 g
30～40 只 / 盒</td><td>内外包装完好</td><td>保质期内</td><td>外观、口感与描述相符，配料表干净</td></tr>
<tr><td>余同乐拉丝素肉豆干</td><td>是</td><td>10 袋</td><td>30 包 / 袋</td><td>内外包装完好</td><td>保质期内</td><td>外观、口感与描述相符，配料表干净</td></tr>
<tr><td rowspan="4">商品信息</td><td>橱窗商品</td><td colspan="2">是否添加橱窗</td><td colspan="4">商品上架信息确认</td></tr>
<tr><td>其妙芝士芋泥流心雪媚娘蛋黄酥</td><td colspan="2">☑是 □否</td><td colspan="4">☑基本信息 ☑视图信息 ☑价格信息 ☑库存信息
☑发货模式 ☑支付设置 ☑服务资质</td></tr>
<tr><td>大海藏麻辣小龙虾尾</td><td colspan="2">☑是 □否</td><td colspan="4">☑基本信息 ☑视图信息 ☑价格信息 ☑库存信息
☑发货模式 ☑支付设置 ☑服务资质</td></tr>
<tr><td>余同乐拉丝素肉豆干</td><td colspan="2">☑是 □否</td><td colspan="4">☑基本信息 ☑视图信息 ☑价格信息 ☑库存信息
☑发货模式 ☑支付设置 ☑服务资质</td></tr>
</table>

● 步骤 2：为方便商品展示，需要准备一些配套使用的工具、容器等，仔细核实后完成表 2-2-4。

表 2-2-4　直播间商品物料检查表（示例）

类别	名称	是否完好	数量	是否满足展示要求	其他
辅助用具	剪刀	是	1	可用于剪开包装	干净、锋利
	一次性手套	是	100 双	试吃时使用	食品级
	小碗	是	4 个	干净美观，盛放食品并展示	可根据情况调整品质和数量
	纸巾	是	1 盒	清洁使用	食品级

第三阶段：准备辅料

● 步骤 1：制作一张直播背景图。

● 步骤 2：制作一款价格贴片。

● 步骤 3：制作可供桌面陈列的 POP 海报，如品牌类、商品特性类、活动促销类的卡片、台签等。

任务完成后，请根据表 2-2-5，对任务完成情况进行总体评价。

表 2-2-5 小组任务完成情况评价表

任务编号		任务名称			
小组名称		小组成员			
评价项目	**评价标准**		**评价分值**	**得分**	**备注**
知识目标	实体“货”	◇ 了解选品的原则、方法及渠道等 ◇ 熟悉样品的种类、验收的标准	10		
	虚拟“货”	了解商品管理的内容，商品信息的分类，商品上架、发布的流程及路径等	10		
	辅助物料	了解辅助物料的组成、分类及准备要求	10		
技能目标	实体“货”准备	◇ 能选择直播商品 ◇ 能验收样品	15		
	虚拟“货”准备	能上架并发布商品	20		
	辅助物料准备	能准备直播的辅助物料	15		
素养目标	团队意识	小组合作，分工明确，服从安排	5		
	时间管理	时间分配合理，遵守计划安排，按时完成	5		
	学习态度	积极、主动、探究	5		
	其他	其他相关素养，如文学修养、协作精神等	5		
综合得分 / 评价等级：			评价人 / 日期：		
说明：评分范围为 A 到 D。A 对应“优秀”（≥85 分），B 对应“良好”（≥70 分，<85 分），C 对应“合格”（≥60 分，<70 分），D 对应“不合格”（<60 分）					

学习任务 3 场景打造

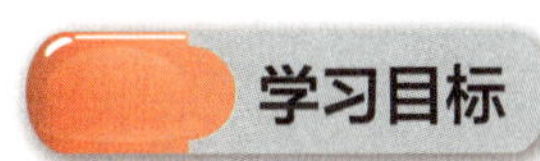

知识目标

1. 了解直播间空间布局及场地布置

2. 了解直播间灯光要求及布光方法
3. 了解直播间设备组成及调试方法
4. 了解直播画面布置的原则及方法
5. 了解直播 App 及直播伴侣的系统设置

- 技能目标

1. 能布置直播场地
2. 能布置直播间灯光
3. 能调试并使用直播设备
4. 能设计直播画面
5. 能使用直播系统进行播前准备

任务下达

"土豆鱼儿"直播间将于本周五晚 8 点，开启一场"零食狂欢节"专场直播。

本任务要求学生完成以下工作：

1. 布置直播场地；
2. 调试并使用直播设备。

相关知识

直播场景的打造，根据场地、呈现角度和方式的不同，可以将其分为整体直播场景打造和直播画面场景打造。前者主要是对直播空间进行规划布置，以凸显直播间定位、直播主题和重要的展示信息，方便直播团队更好地开展直播活动并为观众提供良好的购物体验；后者主要是为了特殊的呈现效果，结合直播间整体环境，配合特定场次直播进行针对性的布置，大多会选择在室内通过绿幕和直播技术手段实现，打造一些真实场景无法实现的特殊情境，如极端天气地理条件、游戏场景、产地动态背景、生产工艺流程等。

一、整体直播场景打造

真实的直播场景，按直播场地的不同，又可以分为户外和室内两种场景。户外场景可以利用天然条件，增强直播特色和商品优势；室内场景可以选址在营业场所、室内活动现场，或搭建专门的直播间。

不管是哪一种场景，要达到理想的直播效果，都需要进行场地布置、配置音视频采集设备、调试灯光，为下一步打造优质直播画面、让观众有更好的直播购物体验做好基础工作。

1. 直播空间整体规划

直播空间整体规划首先从选址开始，确定直播间的周边环境、空间大小和空间布局等。

（1）周边环境

要求安静，最好比较独立，不会因为周边嘈杂环境或噪声影响直播的进行。

（2）空间大小

直播所需空间的大小，不仅要考虑直播活动开展所必备的直播设备、灯光等的摆放需求，商品展示的空间需求，还需要考虑直播间辅助设施，如展示架、桌椅、储物架等的摆放，以及协助直播的工作人员的活动空间等。

一般来讲，销售体积小、展示空间小的商品，所需直播空间相对小一些，如珠宝、美食等；销售体积大、展示空间大的商品，所需直播空间则会大一些，如大型家电、服装等。

如果是个人直播，销售食品、美妆等适合坐播的商品，直播空间建议为 3～5 平方米；销售服装、鞋类等适合站播的商品，直播空间建议为 10～15 平方米。如果是团队直播，销售美妆、零食、小件数码、家居护理等适合坐播的商品，直播间空间建议为 15～20 平方米；销售服装、鞋类等适合站播的商品，直播空间建议为 30～50 平方米。

所有直播间层高应该不低于 2.3 米，以避免直播画面出现灯光的光斑，影响画面效果。

（3）空间布局

根据直播商品、品牌调性及主播 IP 的不同，直播间的布局及设计可以采用多种方式。但总体来说，为满足直播过程中的工作需求，直播间的空间布局需要规划以下几个空间（见图 2–3–1）。

1）直播区：用于主播直播的区域，也是直播镜头呈现的主播活动区域。如果是坐播，直播区就是主播所坐桌椅附近区域。如果是站播，直播区就是主播走动展示商品的整个活动区域。

2）样品区：用于直播商品及样品摆放的区域，利于查找及拿取，如零食架、服装架、展示柜、样品摆放架等。

3）设备区：用于灯光、摄像头或相机，以及直播所需计算机、直播大屏、显示器等设备的摆放区域。

4）后台人员工作区：团队直播时，工作人员的主要工作区域需要提前规划出来，避免工作人员在直播现场凌乱行动，影响设备运行或影响主播的工作。

5）主播休息区：在长时间的直播过程中，主播有时候需要进行短暂的休息，因此在有条件的情况下，需要在空间中规划主播休息区。

图 2-3-1　直播间空间布局示意图

2. 直播间灯光布置

灯光是影响直播间视觉体验最重要的影响因素之一，直播商品的展示效果和主播镜头前的形象等都和灯光布置有密切关系，而灯光效果主要受光源类型、色温配置及布光方法等因素影响。

（1）光源类型

1）基础照明。基础照明即直播场地的室内环境照明，如室内照明顶灯、灯盘、射灯等。直播间的基础照明光源最好选择照明面积大、光线均匀、明亮不刺眼的 LED（发光二极管）光源，既可提供整体比较明亮的环境光源，也能替代顶光，让人物或物品无明显的阴影或倒影，如图 2-3-2 所示。

图 2-3-2　LED 光源

2）重点照明。重点照明主要是指特定用于主播及商品展示区域的照明。直播间常见的重点照明设备有：

① COB（板上芯片封装技术）摄影灯，常常搭配球形柔光罩或者方形、八角形、抛物线形柔光箱等一起使用。功率至少 200 W 及以上，亮度可调节。摄影灯加上柔光箱或柔光罩之后，照明面积大，光线均匀柔和、亮度高，能够更好地呈现商品质感，

也能让主播的肤色更显白皙细腻，如图 2–3–3 所示。

② LED 摄影补光灯，由 LED 珠灯矩阵组成，发光面积大，照射幅度广，可以根据情况选择大小不同的尺寸，如图 2–3–4 所示。

辅助照明。辅助照明设备是指用于辅助增强光源的照明设备。直播间的辅助照明常用的是环形美颜灯、LED 氛围灯、灯带等。其中的环形美颜灯，用于短距离补光，能够达到柔和提亮的效果，让主播面部甚至是下颌部等容易有阴影的地方都能光亮均匀，也可以塑造主播明亮有神的眼神光。环形美颜灯有落地款和桌面款，多配有手机或摄像头支架，可以调节光线的色温和亮度。在一些小型直播间中，环形美颜灯也可以作为重点照明使用，如图 2–3–5 所示。

图 2–3–3　COB 摄影灯

图 2–3–4　LED 摄影补光灯

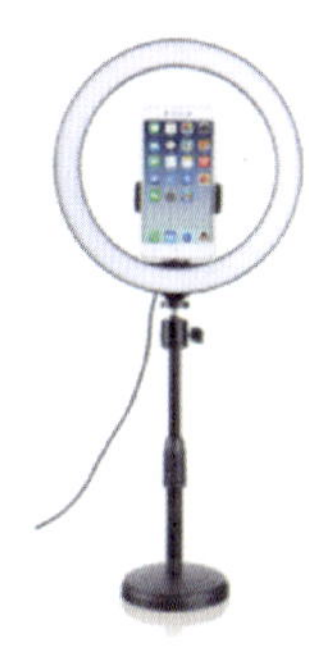

图 2–3–5　环形美颜灯

（2）色温配置

色温是表示光线所包含的颜色成分的计量单位。色温的单位是 K（开尔文），1 色温就是 1 K。根据色温值的不同，光线呈现冷暖的变化。色温值越高，光线越冷。例如 3 000 K 呈现暖光，而 7 000 K 则呈现冷光，如图 2–3–6 所示。

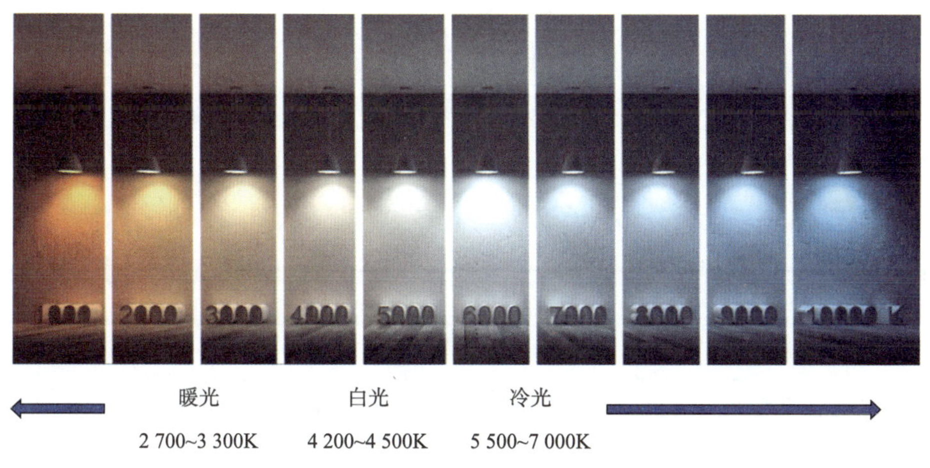

图 2–3–6　色温示意图

直播间灯光的色温配置，即具体需要冷光还是暖光，需要根据主播的直播风格及商品的具体情况来确定。

1）按直播风格配置色温。如果主播人设或直播风格是亲民、自然、接地气或者是幽默、热情，那么直播间的灯光色温可以偏暖光。如果主播人设或直播风格偏正式，则直播间的灯光色温可以偏冷光。具体的设置方案可以参考表 2–3–1。

表 2–3–1　不同直播风格的色温配置表

直播风格	色调	色温组合
亲民、自然、接地气或幽默、热情	偏暖光	主灯冷 + 辅灯暖 + 补光暖
风格偏正式，内容偏专业性或技术性	偏冷光	主灯冷 + 辅灯和补光冷暖结合、偏冷

2）其他影响因素。影响直播间色温配置的因素还有很多，如目标用户、季节、直播主题等。要结合具体情况进行综合考虑，如夏季的清凉感需要偏冷光来实现，而传统的年货节、春节等需要营造喜庆、温馨的氛围，更趋向偏暖氛围。

知识窗

关于直播间色温配置的提示

直播间具体的色温配置，需要结合具体直播间灯光设备的性能及商品的实际情况来具体调节。例如，同样是珠宝类直播，黄金饰品直播时的色温需要更暖，凸显黄金饰品的奢华及成色，而银饰直播时则更适合偏冷色温，能更好地表达银饰的清亮秀丽，钻石直播则可选择更偏冷的光。

3）根据商品配置色温。商品本身特有的属性以及其品牌的调性，都可以影响色温的选择，具体的配置可以参考表 2–3–2。

表 2–3–2　常见品类商品的色温配置表

商品品类	色调	色温	效果
服装或美妆类	自然光	5 700 K 左右	真实
家居用品、美食类	暖光	3 000～4 000 K	营造温馨、温暖的氛围
电器类、珠宝类	偏冷	5 500～6 500 K	营造自然、现代、中性偏冷的风格

（3）布光方法

直播间的灯光非常重要，主要遵循明亮通透、光线均匀、不刺眼三个原则。当顶光为室内普通照明时，直播间的常用布光方法有三点布光法和五点布光法，这两种方法基本可以满足大部分直播的要求。

1）三点布光法。三点布光法可用于面积稍小的直播间，既可站播，如服装、鞋类商品的销售，如图 2-3-7 所示；也可以坐播，如珠宝、美食、化妆品类商品的销售，如图 2-3-8 所示。三点布光法灯光位置及作用见表 2-3-3。

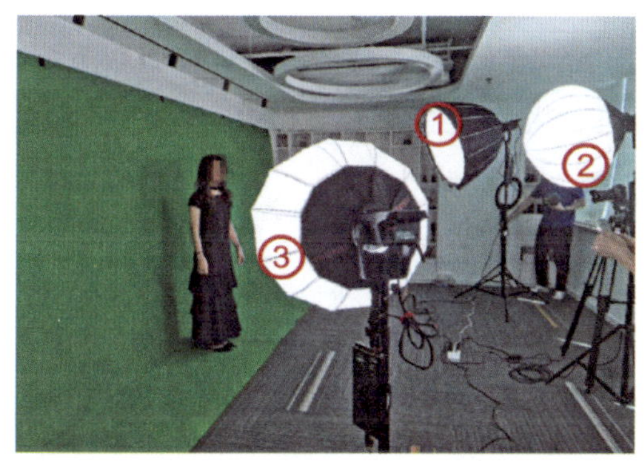

图 2-3-7　直播间三点布光示意图——站播

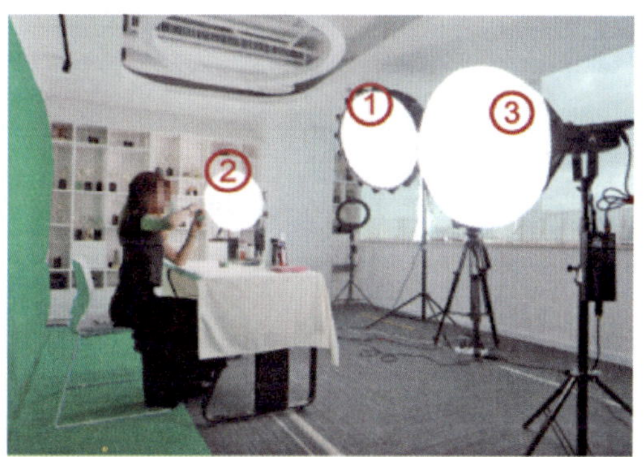

图 2-3-8　直播间三点布光示意图——坐播

表 2-3-3　三点布光方法灯光位置及作用

序号	用途	位置	作用
1	主光	正面，高于主播头部，向下 45 度	打亮场景和主播面部，也可照亮服装等商品细节
2	副光	正面，高度与主播相等或略高（坐播时），前方 45 度左右	打亮主播上身正面
3	副光	正面，高度与主播相等或略高（坐播时），主播左侧或右侧补光	补充主播及商品光线

2）五点布光法。五点布光法可用于面积较大的直播空间，适用于站播，如图 2-3-9 所示。五点布光法灯光位置及作用见表 2-3-4。

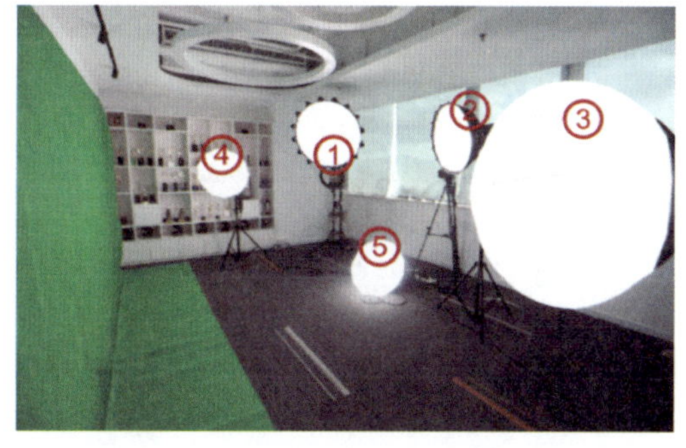

图 2-3-9　直播间五点布光示意图

表 2-3-4　五点布光方法灯光位置及作用

序号	用途	位置	功能	备注
1	主光	正面，高于主播头部，向下 45 度	打亮场景和主播面部	—
2	副光	正面，高度与主播相等或略高（坐播时），前方 45 度左右	打亮主播上身正面及照亮商品细节	—
3	副光	正面，高度与主播相等或略高（坐播时），主播右侧补光	补充主播及商品光线	—
4	副光	正面，高度与主播相等或略高（坐播时），主播左侧补光	补充主播及商品光线	—
5	副光	放置在正面主光下方	用于主播下半身光线提亮，避免在展示服装等商品时产生阴影	改善细节

这样的布光方法可以突出直播中的人物，并且背景也能均匀受光，同时增加了细节展示的光源。

知识窗

直播间灯光类型

根据直播间灯光使用目的及摆设的角度，可以把直播间灯光分为主光、副光、轮廓光、顶光等类别。

1. 主光主要用于直播间主体形象的塑造，是摄像中用于对被摄对象进行照明的主要光线，在布光中占主导的地位。一般位于主播的正面或正面稍偏位置，常用光源为一盏 200 W 影视灯 + 球形灯罩。

2. 副光（辅助光）亮度低于主光，主要用于辅助主光塑造形象，控制暗部的阴影，平衡画面的明暗。可用影视灯 + 球形灯罩，一般位于主播左右侧前方 45 度位置或左右两侧 90 度位置。

3. 轮廓光用于分离画面主体与背景，让主体更突出、更立体，一般位于主播身后位置。

4. 顶光是从顶部往下照射的光源，用于增加背景和地面的照明，是仅次于主光的光源，一般位于主播活动区域上方，但是不要距离主播头顶超过 2 米。

（4）常用直播设备

直播间的设备及技术支持主要包括灯光设备、音频采集设备、视频采集设备、计算机（手机）、网络配置及一些辅助设备等。要保证输出良好的直播音频和视频效果，这些设备不仅需要自身功能完善、性能良好，更需要被优化配置、彼此正确连接。

知识窗

直播间常见设备及工具

手机、电视机、LED屏、采集卡、商品展示台、导播台、高配计算机、备份高配计算机、监视器、监听耳机、美颜灯、球形灯/日光灯、灯罩、摄像机、摄像机支架、摄像头、摄像头支架、手机支架、提词器、提词计算机、音效键盘、调音台、小蜜蜂（扩音器）、桌椅、商品陈列架、道具架、长焦机位、游机、特写机位、插线板、卡纸板、马克笔、大力胶、各类连接线、电池、专线网络、备用专线网络、无线路由器、充电器等。

下面以常用的单机位直播为例，介绍一些常用的音频、视频、照明设备，详见表2-3-5。

表2-3-5　单机位直播主要设备及用途

序号	是否必备	设备	数量	用途	说明
1	必备	高清摄像头/手机/相机	1～2台	直播画面/监控画面	摄像头分辨率达到1 080 P，主摄和监控
2		电容麦	1台	主播声音采集	根据主播运动轨迹，可选择有线或无线
3		环形美颜灯	1台	提亮面部，固定手机	通用
4		持续电源	1个	为所有直播设备持续供电	多插头，满足所有直播设备需求
5		LED室内照明顶灯	1台	提供整体比较明亮的环境光源，可替代顶光，让物体无明显的阴影或倒影	基础照明配置
6	备选	COB摄影灯	1～2台	更好呈现商品质感，改善主播肤色	200 W功率及以上，亮度可调节
7		LED补光灯	1台	补充照明，提升轮廓	根据情况选择大小不同的尺寸

续表

序号	是否必备	设备	数量	用途	说明
8	备选	采集卡	1个	采集摄像头或相机视频数据	标配
9		计算机	1套	可用于直播或中控	标配
10		高清视频传输线	若干	采集摄像机视频数据	HDMI 或 HD-SDI 接口
11		提词器	1个	提词，商品图片，商品名称、价格、卖点	白板或电子提词器
12		直播画面返送屏	1台	放大直播画面，便于互动	大计算机显示器或专业直播机

需要说明的是，无论是哪一种视频采集设备，其摄像头机位的定位原则主要是根据实际的直播场景调整高度、角度，保证主体突出、景深适宜、构图合理、画面清晰。例如，要展示主播全身，那么摄像头的高度应在主播肚脐的高度；要展示半身，则摄像头机位在主播胸口的位置就可以。

二、直播画面场景打造

布置完整体环境后，为了让观众有更好的体验，还要精心打造直播画面所需场景，即直播间的观众在镜头前看到的场景。直播画面是否清晰、整洁、有美感，是观众进入直播间的第一感觉，也是其是否停留的第一要素。因此，直播画面的场景打造至关重要。打造直播画面场景要从两个方面入手，一是打造直播间进入镜头的真实场景（以下简称镜头场景），二是通过直播系统设置场景（以下简称系统场景），这两个场景叠加在一起，就是呈现在观众面前的直播画面。

1. 镜头场景

影响镜头场景的因素有很多，除了场地大小、功能划分、灯光布置、设备配置等因素，直播前往往要对以下元素进行调整，以便打造与具体直播场次更加匹配的直播画面。

（1）画面背景

画面背景奠定了直播风格的基调，一般距离直播镜头较远，位于主播之后，可由很多元素组成，主要包括直播背景墙、必要的营销元素、展示道具及氛围布景等。

1）背景墙。位于镜头最远的位置，背景墙要足够大，能够完全覆盖镜头取景范围。最好简洁、干净，以浅色、纯色为主，简洁大方又明亮。可以根据主播形象或者直播风格来进行调整。例如，可爱风的主播可以选择暖色背景墙，成熟稳重风的主播

则尽量以纯色的背景墙为主。为了方便场景调换或营造一些无法真实打造的场景，很多直播间直接用绿色墙体或绿幕作为背景，再通过抠图的方式更换背景。

2）必要的营销元素。营销元素是直播画面必不可少的要素之一，可置于背景墙上或置于主播与背景墙之间，以不被遮挡和清晰呈现为宜。常见的营销元素如直播的主题、品牌的标志、促销广告或其他标志性的营销元素等。营销元素可以帮助观众快速获取信息、识别品牌等，这部分内容也可以用实物或通过技术手段实现。

3）展示道具。如果展示空间充足，可以布置一些展示架、展示模型、陈列柜等，以提升展示效果。例如，服装直播间可以放置衣架或者衣柜，将衣服摆列整齐、穿搭美观，甚至可用真人模特进行现场展示；美妆直播间可以摆放一个陈列架，摆上要推荐的商品。方便主播更好地讲解商品。

4）氛围布景。除了直播间的画面背景外，为了避免直播间显得过于单调空旷，如果直播空间足够，可以增加一些氛围布景，以更好地营造直播氛围。例如，适当装饰一些挂画、饰品、窗帘或绿植等，也可以根据带货主题和主要商品选择适合的氛围类装饰，如年节气氛的彩带、气球，以及推广宣传的广告、海报等。

（2）画面主体

直播画面的主体，只能是主播和被展示的商品，这里用主播作为主体为例进行构图。

1）主播位置。主播在直播的时候，为了更好地取景和保证声光音效等，不应离墙壁太近，与墙壁距离最好超过 1.5 米。摄像头镜头位置在主播正面肩部高度为宜，正面视角水平位取景，更能突出主播细节，方便主播与观众互动。

图 2-3-10　主播位置示例

主播与镜头的相对位置可以采用“九宫格”的方式来进行衡量，即主播形象要出现在九宫格的中间，能够让观众看清主播脸部和手上展示的商品，但也不能让镜头离主播太近，要保持一定的直播场景景深及画面的层次感，给近距离展示商品留有一定的位置，并留有其他信息展示的空间，如图 2-3-10 所示。

2）画面比例。一般以主播占据直播画面的 2/9 为最佳，其中纵向靠下 2/3，横向居中 1/3。不管是拍主播全身还是拍半身，占整体画面的 2/9 即可，这样既美观，又留有足够的展示区。同时适当进行景深构图，可以更加突出画面的主体，既可以集中观众注意力，又可以使画面

更加有层次感。

总之，画面主体的构图规则和方法有很多种，可以根据不同的直播内容和场景选择合适的方法。同时，也需要注意画面的简洁、层次感和立体感等各方面因素，使观众更加容易关注到主播和商品。

（3）画面陪体

直播画面的陪体，主要是指围绕在主播周围的样品、装饰、辅料等，它们既可以烘托主体，又可以丰富画面、调节氛围，如美化环境的室内小盆栽、小玩偶以及摆放美观的样品或小工具等。

无论如何，打造镜头场景时，都要牢牢把握“风格统一，整洁干净”的要求。在此基础上，突出主题、突出人设、突出直播间风格和调性，这是打造优质直播画面的基础和前提。

2. 系统场景

除了镜头场景出现的元素外，观众在直播画面中还会看到许多其他元素，如账号信息、福利信息、互动信息、活动贴片、商品链接等。这些元素都有相对固定的展示区域和大小，它们出现的时机灵活、内容丰富、形式多样，它们共同组成了系统场景。

系统场景的打造需要对直播系统进行设置管理。要设置直播系统，首先要选择直播终端，目前主流直播终端有两种，一种是直播 App，另一种是直播伴侣。两种直播终端的系统设置略有不同。

（1）直播 App 设置

各平台的直播 App 系统设置大同小异，下面以抖音 App 为例介绍。

直播开始前，开启抖音 App，选择“开直播”，进入如图 2-3-11 所示界面。抖音开播设置分为三大区域：

区域①位于界面顶部，可以选择开播方式，一般选“视频”即可，如果用直播伴侣开播则选“计算机”。

区域②位于界面上部，在此设置直播封面，包括图片、主题、开启位置（开/关），这些操作可以带来免费公域流量；还可以在此选择谁可以看及选择直播内容（类别），有利于平台自然流量的精准分发。

区域③位于界面下方，包括美颜、特效、商品、上热门、分享等常规操作。

点击右下角的“更多功能”或进入直播伴侣（见图 2-3-12），可以管理直播间介绍、直播预告（见图 2-3-13），填写本场直播亮点、利益点，让观众一进入直播间就可以通过评论区的系统提示了解直播价值点。

此处还可以设置清晰度、直播付费功能、公屏大小、字号等，如图 2-3-14 所示。

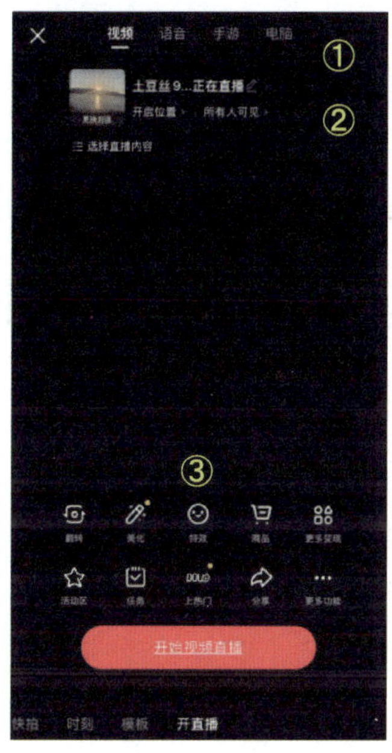

图 2-3-11　抖音开播设置（1）

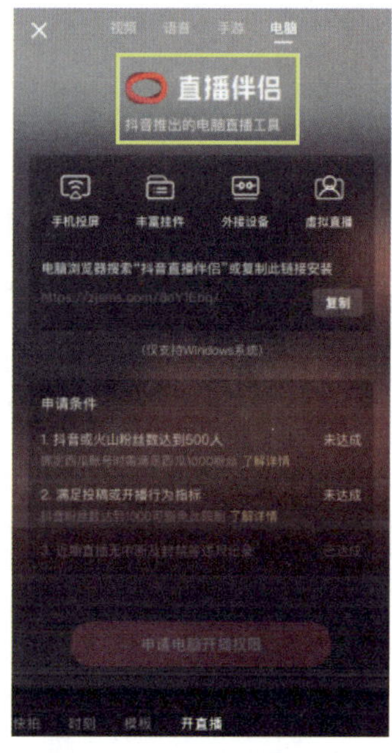

图 2-3-12　抖音开播设置（2）

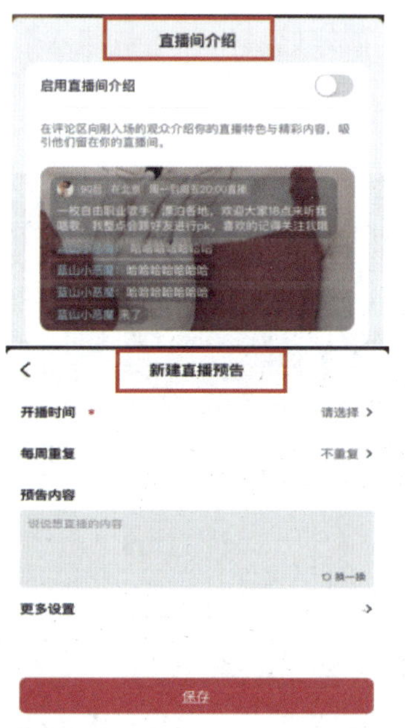

图 2-3-13　抖音开播设置（3）

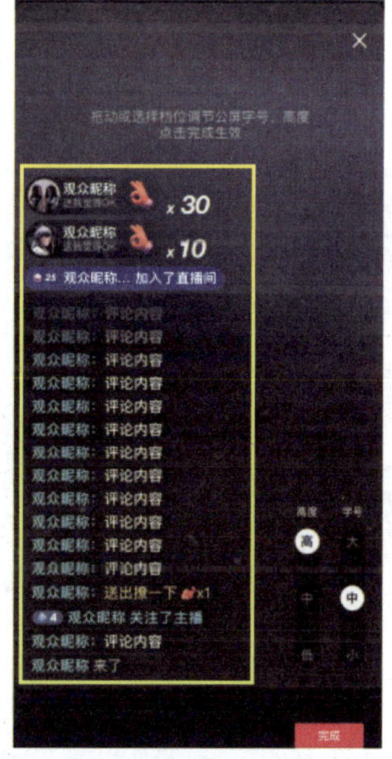

图 2-3-14　抖音开播设置（4）

（2）直播伴侣设置

1）直播伴侣设备准备。为了获得更大、更清晰的直播画面，便于观察和直播控制，很多主播喜欢用计算机或直播大屏进行直播，这里就要借助“直播伴侣”这一直

播终端。

首先要安装直播伴侣，可通过搜索引擎或软件管家，直接搜索并选择一款直播伴侣（见图 2-3-15），如抖音平台的主播可以选择抖音直播伴侣，然后按照提示安装即可。

图 2-3-15　直播伴侣 App 下载示意图

使用直播伴侣开播，需要通过 HDMI 线将摄像机 / 相机数据传输至采集卡，再将采集卡通过 USB 接口接入笔记本 / 台式机，完成从摄像机 / 相机到计算机的传输过程，然后选择扫码或者通过手机号登录直播伴侣。

2）直播伴侣设置。如图 2-3-16 所示，直播伴侣操作界面包括八个区域，每个区域的功能具体如下。

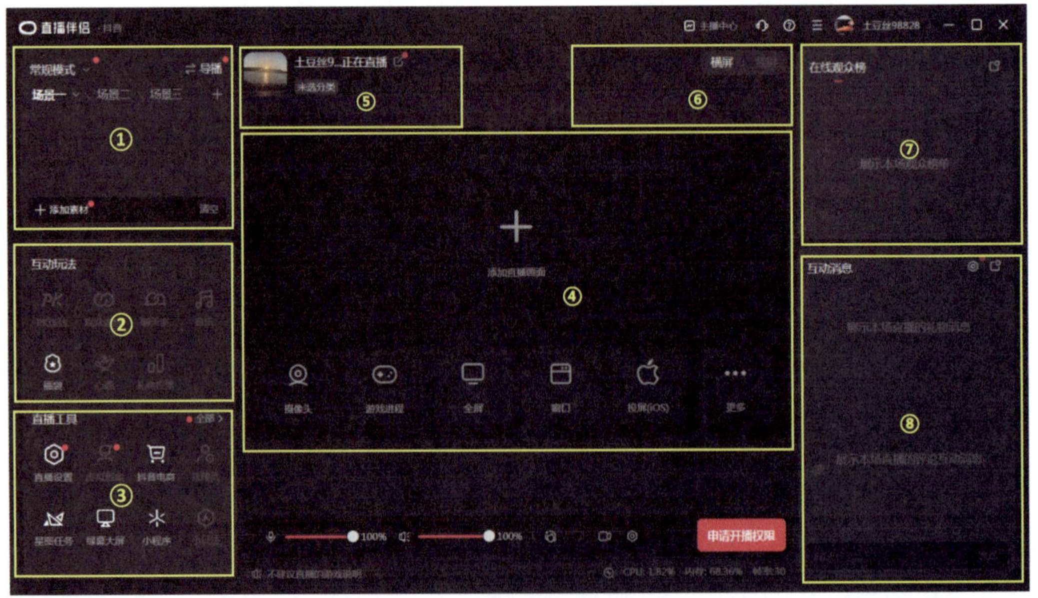

图 2-3-16　直播伴侣操作界面布局图

区域①：为方便日常直播，此区域左上角的“常规模式”下，往往保留一些常用直播场景，开播时直接选用即可；而“⇌导播”功能则可以在预览画面和直播画面间进行切换，方便调整直播画面；此区域底部的“添加素材”，可以随时增加摄像头、窗口等各类素材。以添加摄像头为例，先点击“摄像头”（见图 2-3-17），选择相应的信号源（见图 2-3-18），设置分辨率、视频格式、镜头方向、背景设置等，建议选择能输入的最高视频格式，添加成功后即可在预览区域看到捕获的内容。

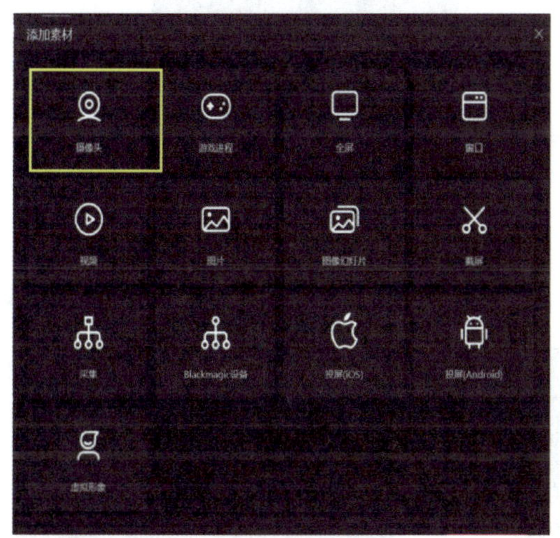

图 2-3-17　点击“摄像头”

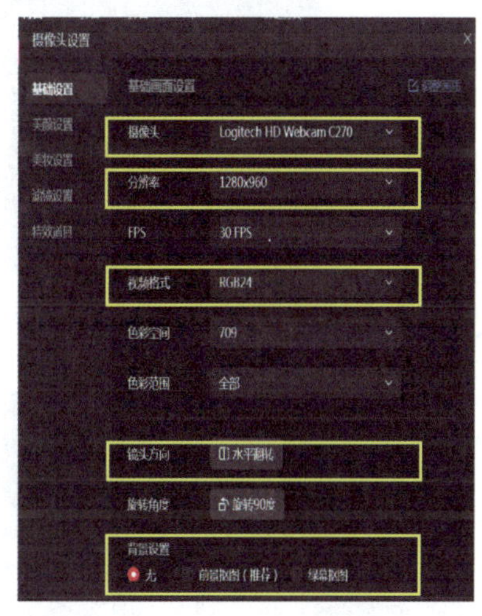

图 2-3-18　选择相应的信号源

区域②：此区域为互动玩法区域，开播前只能设置福袋（见图 2-3-19），开播后可以开启 PK 连线、观众连线及聊天室等功能。

区域③：此区域为直播工具区域，点击“全部”后可以看到此处的全部工具（见图 2-3-20），常用的功能有：直播设置，操作基本与直播 App 相同；绿幕大屏（见图 2-3-21），可以在此制作直播背景或贴片等。

区域④：此区域为直播画面控制区域，可以进行直播画面来源选择（摄像头）、全屏素材添加、投屏设置等，还有专为游戏主播提供的“选择游戏进程”功能（见图 2-3-22）；区域①的添加素材功能也可在此处完成。

区域⑤：此区域为直播封面设置区域，在此处可以更换封面图、填写直播主题、选择是否开启同城定位及观看对象等，其设置与直播 App 基本相同。

区域⑥：此区域可以将直播画面进行横竖屏切换。需要注意的是，一旦选定横屏或竖屏直播后，开播过程中无法再次切换。

区域⑦：此区域为在线观众榜，展示本场直播的礼物榜单，是主播、场控都要重点关注的区域，以便及时答谢礼物，或与观众进行互动，以调节气氛、激励“粉丝”。

图 2-3-19 设置福袋

图 2-3-20 全部工具

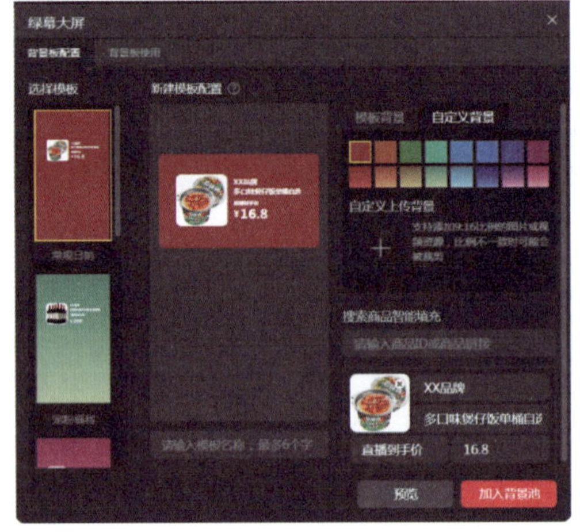

图 2-3-21 绿幕大屏

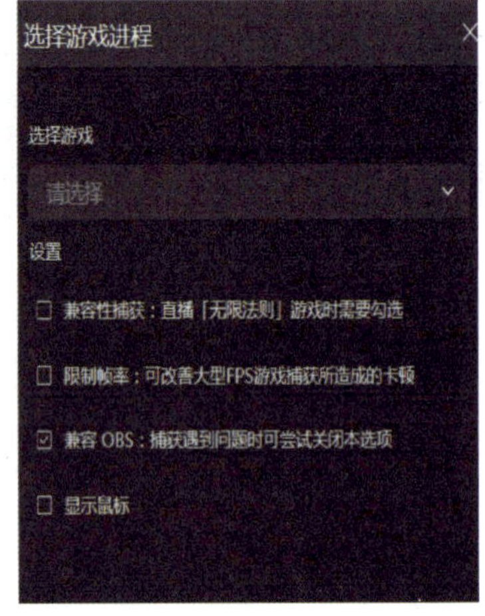

图 2-3-22 选择游戏进程设置

区域⑧：此区域为互动消息区域，主播团队要随时关注、即时响应，也可以在此区域有意识地发起一些互动活动或话题，以活跃直播间气氛。

总之，开播设置是开播前的一项重要准备工作，是直播画面场景打造的基础，也是直播画面稳定性、流畅性的保障。除了保证直播的正常进行外，开播设置还自带一部分引流功能，如果考虑分享、付费引流等功能，其引流效果也不容小觑。

通过镜头场景的精心打造，再辅以合适的直播系统设置，就可以叠加出呈现给观众的直播画面了。

任务执行

1. 分组，并按预期工作要求进行分工。

2. 小组合作，根据各自的岗位分工，检查直播环境准备情况，完成表 2–3–6 相应区域的填写。

表 2–3–6　直播场景检查表（示例）

<table>
<tr><td>直播间</td><td colspan="6">名称：土豆鱼儿　位置：深圳</td></tr>
<tr><th colspan="2">检查项目</th><th colspan="2">数量 / 内容</th><th colspan="2">状态</th><th>其他</th></tr>
<tr><td rowspan="3">环境</td><td>灯光</td><td colspan="2">1 主 2 补，三点布光</td><td colspan="2">调试完成</td><td>室内顶光正常</td></tr>
<tr><td>声音</td><td colspan="2">1 个，有线电容麦</td><td colspan="2">调试完成</td><td>共用</td></tr>
<tr><td>视觉</td><td colspan="2">背景广告、主播台面布置</td><td colspan="2">已布置完成</td><td>—</td></tr>
<tr><td rowspan="4">设备</td><td>计算机</td><td colspan="2">1 台，后台操作</td><td colspan="2">调试完成</td><td>有持续电源</td></tr>
<tr><td>摄像机</td><td colspan="2">—</td><td colspan="2">—</td><td>—</td></tr>
<tr><td>手机</td><td colspan="2">1 手机主摄，1 手机监控</td><td colspan="2">调试完成</td><td>有持续电源</td></tr>
<tr><td>……</td><td colspan="2">—</td><td colspan="2">—</td><td>—</td></tr>
<tr><td rowspan="7">系统</td><td>直播系统选择</td><td colspan="3">☑直播 App</td><td colspan="2">□直播伴侣</td></tr>
<tr><td>功能设置</td><td colspan="5">☑美颜效果调试　☑同城功能开启</td></tr>
<tr><td rowspan="5">开播设置</td><td>直播间介绍</td><td colspan="3">“上豆鱼儿”直播间</td><td>各种好吃的零食与方便食品</td></tr>
<tr><td>直播标题</td><td colspan="3">暖冬宠粉，福利炸不停</td><td>大牌零食，百万补贴</td></tr>
<tr><td>直播话题</td><td colspan="3">零食狂欢节</td><td></td></tr>
<tr><td>直播封面</td><td colspan="3">主播 + 主打款</td><td></td></tr>
<tr><td>直播间屏蔽词</td><td colspan="4">最高、最佳、最实惠、最新、最大、最好……</td></tr>
<tr><td colspan="4">负责人：（签名）</td><td colspan="3">检查时间：</td></tr>
</table>

3. 小组合作，打开直播 App，调试单机位直播画面，检查直播画面中的主要元素，填写表 2–3–7。

表 2–3–7　直播画面检查表（示例）

<table>
<tr><th>检查对象</th><th>检查项目</th><th>平面位置</th><th>距离远近</th><th>灯光效果</th></tr>
<tr><td rowspan="3">人</td><td>主播</td><td>脸部居画面正中</td><td>能充分展示商品</td><td>美化效果自然</td></tr>
<tr><td>助播</td><td>能局部出镜</td><td>可动态调整</td><td>不考虑</td></tr>
<tr><td>展示、气氛组</td><td>有展示空间</td><td>指定位置，保证展示效果</td><td>要兼顾</td></tr>
</table>

续表

检查对象	检查项目	平面位置	距离远近	灯光效果
货	商品 / 样品	画面下方，尽量避开互动区	根据商品大小调整，最好突出展示	重点考虑，不失真
其他元素	展示视频	全景、上部或下部 1/3 处	—	—
	宣传海报	标题靠上	—	注意镜像设置
	互动区	左下角	—	—
	福袋	左上角	—	—
	购物车	一般在屏幕下方	—	—
	礼品	一般在屏幕下方	—	—
	浮字	屏幕空白处	—	—
负责人：		（签名）	检查时间：	

任务评价

任务完成后，请根据表 2-3-8，对任务完成情况进行总体评价。

表 2-3-8　小组任务完成情况评价表

任务编号		任务名称			
小组名称		小组成员			
评价项目		**评价标准**	**评价分值**	**得分**	**备注**
知识目标	整体直播场景	◇ 了解直播间空间布局及场地布置 ◇ 了解直播间灯光要求及布光方法 ◇ 了解直播间设备组成及调试方法	10		
	直播画面场景	◇ 了解直播画面布置的原则及方法 ◇ 了解直播 App 及直播伴侣的系统设置	10		
技能目标	整体直播场景打造	◇ 能布置直播场地 ◇ 能布置直播间灯光 ◇ 能调试并使用直播设备	30		
	直播画面场景打造	◇ 能设计直播画面 ◇ 能使用直播系统进行播前准备	30		

续表

评价项目	评价标准		评价分值	得分	备注
素养目标	团队意识	小组合作，分工明确，服从安排	5		
	时间管理	时间分配合理，遵守计划安排，按时完成	5		
	学习态度	积极、主动、探究	5		
	其他	其他相关素养，如文学修养、协作精神等	5		
综合得分 / 评价等级：			评价人 / 日期：		
说明：评分范围为 A 到 D。A 对应“优秀”（≥85 分），B 对应“良好”（≥70 分，<85 分），C 对应“合格”（≥60 分，<70 分），D 对应“不合格”（<60 分）					

1. 什么是选品？选品的基本原则是什么？

2. 什么是三点布光？

3. 根据本项目背景提供的商品清单，为“零食国货季”主题的直播活动选品，并填写商品清单（见表 2-3-9），要求商品在 20 种以上。

表 2-3-9　直播间初选带货商品清单

序号	商品信息				备注
	品牌	商品描述	规格型号	零售价格（元）	
1					
2					
3					
4					
5					
…					

4. 前往某市场的露天直播现场，检查直播环境准备情况，完成表 2-3-10 相应区域的填写。

表 2-3-10　直播场景检查表

<table>
<tr><td>直播间</td><td colspan="2">名称：</td><td colspan="2">位置：</td></tr>
<tr><th colspan="2">检查项目</th><th>数量 / 内容</th><th>状态</th><th>其他</th></tr>
<tr><td rowspan="3">环境</td><td>灯光</td><td></td><td></td><td></td></tr>
<tr><td>声音</td><td></td><td></td><td></td></tr>
<tr><td>视觉</td><td></td><td></td><td></td></tr>
<tr><td rowspan="4">设备</td><td>计算机</td><td></td><td></td><td></td></tr>
<tr><td>摄像机</td><td></td><td></td><td></td></tr>
<tr><td>手机</td><td></td><td></td><td></td></tr>
<tr><td>……</td><td></td><td></td><td></td></tr>
<tr><td rowspan="7">系统</td><td>直播系统选择</td><td colspan="2">□直播 App</td><td>□直播伴侣</td></tr>
<tr><td>功能设置</td><td colspan="3">□美颜效果调试　□同城功能开启</td></tr>
<tr><td rowspan="5">开播设置</td><td>直播间介绍</td><td></td><td></td></tr>
<tr><td>直播标题</td><td></td><td></td></tr>
<tr><td>直播话题</td><td></td><td></td></tr>
<tr><td>直播封面</td><td></td><td></td></tr>
<tr><td>直播间屏蔽词</td><td colspan="2"></td></tr>
<tr><td colspan="3">负责人：（签名）</td><td colspan="2">检查时间：</td></tr>
</table>

项目三
现场直播带货

项目概述

完成前期团队筹建、账号开通引流等工作，准备好直播的商品和场地，就已经具备了直播带货的基本条件，可以开始现场直播带货了。

一场真正的直播带货，需要完成直播开场、商品销售、直播引流、观众互动、终场结束五个环节的工作。这五个环节既彼此独立又高度相关，每一环节工作都需要进行严密的组织策划。

通过本项目的学习，学生可以了解直播开场的内容、商品销售的方法和技巧、直播引流的路径和投放、观众互动的形式及技巧、终场结束的要求，明确话术在直播带货各环节中的重要作用。

学习任务 1　直播开场

学习目标

- 知识目标

1. 了解直播开场的内容
2. 熟悉常见直播开场话术

3. 了解商品过场内容
4. 熟悉常见商品过场话术

技能目标

1. 能撰写直播开场话术
2. 能撰写商品过场话术

任务下达

“土豆鱼儿”直播间将于本周五晚 8 点，开启一场“零食狂欢节”专场直播。

本任务需要学生根据商品清单（详见表 2-1-1），完成以下工作：

1. 设计直播开场话术；
2. 设计直播过场话术。

相关知识

直播开场是直播活动的开端，也是吸引观众的关键时刻。在直播开场中，主播会用一段话语来介绍自己、介绍直播内容并与观众互动，以吸引观众的注意力、增加观众的参与度，为整个直播活动的成功打下基础。直播开场主要包括两部分工作：开场预热和商品过场。

一、开场预热

开场预热的内容和形式往往因主播风格、直播主题或直播目的不同而有很大区别，但其主要内容应包括：主播和直播间的介绍，问候观众，重点商品和活动预告，提醒加关注、加“粉丝”团、点赞、稍后有福利等。常见的开场话术如下。

1. 开场问候话术

开场问候的风格以亲切、自然、风趣为主，根据观众对象的不同，主要有以下几种常见的类型。

（1）面对所有观众

大部分主播对直播间观众的称呼是“宝宝”，在开场打招呼时，基本话术为“哈喽各位宝宝们，欢迎来到 ×× 直播间”。这类话术不仅在开场时出现，在直播间歇及观众进入直播间时都可以灵活使用。

（2）面对非“粉丝”观众

面对非“粉丝”观众，主播在感谢的同时要引导对方加关注，基本话术为“欢迎来到 ×× 直播间，点个关注不迷路，主播带你淘好物”。这类话术要在直播过程中频繁插入，特别是观众大量涌入的时刻。

（3）面对老粉、铁粉

面对老粉、铁粉，主播要热情地打招呼，真诚地表示感谢，基本话术为“欢迎 ××（具体 ID），每次上播都能看到你的身影，太感动了”。这类话术常见于老粉、铁粉进入直播间的第一时间，在直播过程中也可随时插入。

2. 自我介绍话术

主播自我介绍可以由主播根据自己的人设、风格以及直播间的定位来进行介绍。比如美妆品牌直播间主播的自我介绍话术为“大家好，我是主播婷婷，这是我的助播花花，希望进入咱直播间的小仙女们都亭亭玉立，貌美如花”。

3. 活动预告话术

为了把第一波观众留在直播间，主播在开场时可以剧透本场直播的优惠福利，如红包、抽奖、超低价商品等，以延长观众在直播间停留的时长，并引导观众转发引流，参考话术如下。

（1）突出优惠

此类话术重点突出本场直播中观众可以获得的优惠，如“欢迎宝宝们进我们的直播间，今天我们直播间会出一款史无前例巨大优惠的商品哦，一定不要错过了哟”。

（2）引导转发

此类话术重点强调观众转发可以获得的好处，如“大家赶紧帮我们把链接转发到群里面，叫上你的朋友，叫他们一起来看直播，直播过程中 ××（主播名称）会给大家送上红包和实物奖励哦，谢谢大家”。

4. 观众提醒话术

观众提醒是贯穿整场直播的必做动作，主要是提醒加关注、加“粉丝”团、点赞、稍后有福利等，这部分话术伴随直播过程中的商品上架提醒、购物提醒，在全场直播中应反复出现，以进一步提升直播间人气相关数据，最终提高转化率和成交额。

知识窗

某直播间直播开场话术（节选）

欢迎来到我的直播间！欢迎宝宝们！喜欢主播的请加关注！点小红心，关注主播不迷路哟！

我们一会儿有多多福利送给大家。我们家是做品牌尾货打折服装的，商场几百米（元）的衣服在这里也就几十米，今晚来直播间的宝宝们还会有更大的优惠，惊喜多多、福利多多！

资料来源：抖音直播间资料整理

二、商品过场

直播一开始或正式直播前，为了让观众对带货清单有整体的印象，主播通常会安排一个商品过场环节，主要告知观众本场直播带货的商品，以锁定以购物为主的观众，同时以品牌、价格、优惠等信息激发观众的购买兴趣，便于观众安排观看直播的计划。常见的商品过场包括以下两种情况。

1. 主推款商品过场

主推款商品过场即剧透本场直播的主推款，如新品，还有优惠力度最大的商品等。在此过程中可以强调直播间开播频次和时间，以及品牌、价格等重点信息。

2. 商品清单过场

当大批流量进入直播间时，主播可以走马观花地过一遍今天所有的直播商品，主要介绍商品名称、价格等，不需要过多介绍商品。

知识窗

某直播间商品过场话术（节选）

夏天到啦！今晚我们给所有下单的宝宝们送太阳镜！所有的服装都是商场正品，质量超级好！白菜价格真的超值了，买到就是赚到！大家手速一定要快，因为品牌折扣都是孤品，错过就没了！

资料来源：抖音直播间资料整理

任务执行

1. 分组，并按预期工作要求进行分工。

2. 设计直播开场话术，填写表 3-1-1。

表 3-1-1 “零食狂欢节”直播开场话术（示例）

1. 开场问候 哈喽哈喽，大家晚上好！各位宝宝们，欢迎来到“土豆鱼儿”的直播间！8 点啦，我们要开播啦！今天是零食专场哟，没有点关注的朋友们帮我们点点关注！左上角点关注，然后帮我们分享一下直播间，谢谢大家！ 2. 自我介绍 我是主播美美，这是我的助播花花，希望进入咱直播间的朋友们都能够尽情畅享零食，美丽无负担！ 3. 活动预告 今天我们将迎来一场美味的“零食狂欢节”，在这里，将有各种口味丰富、新奇独特的零食等待大家。我们一会儿还有多多福利送给大家。今天是年前最后一场零食专场！直播间的宝宝们有福喽，给大家准备了直播间特供价的 20 种美味零食，大家平时舍不得买的、吃不够的，今天都可以大胆囤货喽！让大家看到爽、买到爽、吃到爽！我们还给大家准备了大大的红包雨，还有神秘大奖！今晚来直播间的宝宝们还会有更大的优惠，惊喜多多、福利多多！ 4. 观众提醒 来直播间的宝宝们，点点关注哟！加“粉丝”团的宝宝们，一会儿还可以抽奖领福袋哟！今天给大家准备了神秘大奖，点点关注，就可以领红包喽！

3. 设计商品过场话术，填写表 3-1-2。

表 3-1-2 “零食狂欢节”商品过场话术（示例）

1. 主推款商品过场 今天给大家带来了“其妙芝士芋泥流心雪媚娘蛋黄酥”，真的特别好吃，外皮酥脆、芋泥香滑，真的会流出来哟！有两种口味，一包 14 枚，到手价只要 9.9 元，真的超值，一会儿大家一定记得来拍哟；下一个，小龙虾爱好者的福利来喽！“天海藏麻辣小龙虾尾”，冷冻加热即食，足足 7 盒，到手价只要 99.9 元；“余同乐拉丝素肉豆干”，网红零食，童年记忆，9.9 元足足买 30 包；“百钻无铝害迷你小油条”约 50 根速冻半成品，到手价只要 28.8 元。 2. 商品清单过场 今天我们给大家准备了 20 款零食，我们给大家快速过一下！有“百钻无铝害迷你小油条”“厂家直销草莓巧克力酥性饼干”“有你一面手工日晒面、酸辣金汤面 10 袋组合装”“桂花奇亚籽坚果藕粉羹”“熊孩子芒果干”“泓一黑麦吐司面包”“红谷林小石子饼”…… 所有的商品就都给大家预告完了，按照我们刚才的顺序，大家记得去蹲守哟！

任务评价

任务完成后，请根据表 3-1-3，对任务完成情况进行总体评价。

表 3-1-3　小组任务完成情况评价表

<table>
<tr><td>任务编号</td><td></td><td>任务名称</td><td colspan="3"></td></tr>
<tr><td>小组名称</td><td></td><td>小组成员</td><td colspan="3"></td></tr>
<tr><th>评价项目</th><th colspan="2">评价标准</th><th>评价分值</th><th>得分</th><th>备注</th></tr>
<tr><td rowspan="2">知识目标</td><td>直播开场</td><td>◇ 了解直播开场的内容
◇ 熟悉常见直播开场话术</td><td>10</td><td></td><td></td></tr>
<tr><td>商品过场</td><td>◇ 了解商品过场内容
◇ 熟悉常见商品过场话术</td><td>10</td><td></td><td></td></tr>
<tr><td rowspan="2">技能目标</td><td>直播开场话术</td><td>能撰写直播开场话术</td><td>30</td><td></td><td></td></tr>
<tr><td>商品过场话术</td><td>能撰写商品过场话术</td><td>30</td><td></td><td></td></tr>
<tr><td rowspan="4">素养目标</td><td>团队意识</td><td>小组合作，分工明确，服从安排</td><td>5</td><td></td><td></td></tr>
<tr><td>时间管理</td><td>时间分配合理，遵守计划安排，按时完成</td><td>5</td><td></td><td></td></tr>
<tr><td>学习态度</td><td>积极、主动、探究</td><td>5</td><td></td><td></td></tr>
<tr><td>其他</td><td>其他相关素养，如文学修养、协作精神等</td><td>5</td><td></td><td></td></tr>
<tr><td colspan="3">综合得分 / 评价等级：</td><td colspan="3">评价人 / 日期：</td></tr>
<tr><td colspan="6">说明：评分范围为 A 到 D。A 对应“优秀”（≥85 分），B 对应“良好”（≥70 分，<85 分），C 对应“合格”（≥60 分，<70 分），D 对应“不合格”（<60 分）</td></tr>
</table>

学习任务 2　商品销售

学习目标

- 知识目标

1. 了解直播商品销售“五步法”

2. 熟悉常见直播销售话术
3. 了解直播催单促销的目的、方法
4. 熟悉常见催单促销话术

技能目标

1. 能推介商品
2. 能催单促销

任务下达

“土豆鱼儿”直播间将于本周五晚 8 点，开启一场“零食狂欢节”专场直播。

本任务需要学生根据商品清单（详见表 2-1-1），完成以下工作：

1. 设计商品推介话术；
2. 设计催单促销话术。

相关知识

一、商品推介

商品推介阶段的工作，就是要先确定好商品的出场顺序，再利用“五步法”的推销逻辑，合理组织推销和催单话术，逐一介绍本场直播商品，达到促成销售的目的。以一场 120 分钟的直播（8～10 件直播商品）为例，通常普通商品推介 5 分钟，主推商品推介 8～10 分钟，爆款商品可以在直播间人流量大的时候多次返场，重复推介。

1. 商品介绍顺序

一场直播，出场的商品往往高达几十种甚至上百种，这就需要进行排品，即根据商品在直播间承担的功能、预计的直播现场气氛及互动效果，确定商品的出场顺序。如引流商品可以同福利、互动配合使用，在直播开场或直播过程中多次出现，以达到吸引新观众进入直播间及播中留住观众的效果；爆款或主推款商品一般在观众数量达到一定高峰值时推出，以提高曝光率，增加成交机会。

排品小技巧

对于大型直播或品类较多的直播场次，排品时还要进行组品，按照2～3个竞价主推款搭配1个利润款的方式循环讲解。根据真实流量反馈和商品数据反馈，调整讲解频次和顺序。排品的顺序不是固定的，主播和中控等工作人员要密切跟踪观众互动和销售等情况，若直播时某条引流短视频曝了，或互动区观众表达了心愿商品等，都可以直接转品，讲即时热度较高的商品。

2. 商品介绍方法

直播带货在线上虚拟构建了一个直播购物场景，虽然“人、货、场”在线上相遇，但每个账号后面的消费者都是真实世界里的人，所以直播商品销售依然要遵循消费者的购物心理，重在应用推销逻辑讲解商品卖点。

介绍商品时，直播中常采用销售“五步法”（见图3-2-1），按排品顺序，对商品逐一进行介绍。

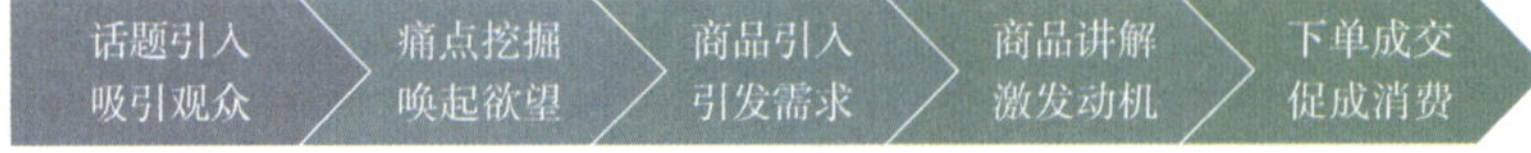

图3-2-1　单品直播销售“五步法”

（1）话题引入

话题引入就是结合消费场景从生活中的问题出发，创造或借助热点话题、情境，引发观众共鸣或代入感。

例如，某直播间在销售防晒霜时提出的话题是：生活在赤道的人是否需要羽绒服？虽然遭到了全场的质疑，但也成功调动了现场的气氛。接下来主播很委屈地问：如果不是的话，宝宝们说一下，他们需要什么？成功将话题引向热、晒，为介绍防晒霜商品埋下了伏笔。

（2）痛点挖掘

痛点挖掘是结合话题从困扰人们的痛苦场景出发，深挖没有使用商品时人们生活可能会有多么糟糕，可以将后果或好处聚焦、清晰化，尽量做到全面而透彻，把可能发生的影响一一列举出来，唤起观众对解决痛苦困扰的欲望。

例如续前例，提出痛点：在赤道、热带地区生活或炎炎夏季甚至阴天时候，人们随时面临着紫外线的威胁，导致皮肤过早老化，出现晒斑、受损等严重后果，而穿防晒服太热、不透气，打太阳伞、戴遮阳帽又会导致行动不便等。由此唤起观众解决痛点的欲望。

（3）商品引入

商品引入是指以向观众展示商品，并描述使用商品后美好生活的理想场景，引发观众对商品的需求。

例如，续前例，商品引入：如果用了我们的防晒霜，皮肤不油腻，且舒适透气、久晒不黑，登山、出海，随心所欲。

（4）商品讲解

消费者在决定购买之前，往往都会经历一定的犹豫期，如品质是否有保证、价格是否真正便宜、货失货损如何处理等诸如此类的问题，如不能解决这些问题，往往会导致最后的交易失败。商品讲解是指结合商品卖点，从品牌、原料、技术、工艺、包装等多个角度来详细讲解商品，通过竞品对比、商品展示等，传递品质、价格、促销、购买方式、物流、售后等详细信息，建立观众对主播和直播间的信任，打消观众的购买顾虑。

例如续前例，商品讲解时可以重点讲解一线品牌、持续时间、防晒指数、用户评价、专业检测等内容，打消观众购买顾虑。

（5）下单成交

下单成交是指在商品讲解完成后，主播可以运用价格锚点、平摊算账、优惠活动、独家稀缺等多种方法，促使观众下单，完成商品的销售转化。

例如续前例，可以运用平摊算账方法，如介绍某平台价格 599 元，直播间特供只要 199 元，一瓶可用 3 个月，每天只要 2 元钱，限量销售 200 瓶，卖完即止等，促使观众下单。

3. 商品介绍话术

了解了商品介绍的方法后，就要有效地组织话术，以便主播精准、高效地表达。按“五步法”对应的商品介绍的五个阶段，将各阶段话术的侧重点和表述方法总结如下。

（1）话题引入话术

设计话题引入话术时可以基于以下三点综合考虑。

1）商品卖点，是指与同类商品相比，直播间商品所具有的优势或差异化所在。

2）消费者痛点，也就是人们的需求点，即商品卖点能解决的消费者的问题。

3）网络热点，是当下人们热议的、有关注度的网络信息，如奥运会赛事、热播电影电视、明星人物等。

范例：做个精致漂亮的女孩，可不仅只有衣服、鞋子、包包、护肤品等，你们看主播这手上（什么都没带）是不是觉得缺点什么，你再看这样呢（戴上手表和手镯等），是不是更好看呢？

武汉的樱花开了诶，抓住春日气息，不妨在你的手腕上增加点儿春日气息吧！

今天有一款时尚名模同款、少女感十足的腕表，大家想不想要？

（2）痛点挖掘话术

设计痛点挖掘话术时可以基于以下三点综合考虑。

1）分析使用场景。人们的生活情景因不同的时间发生着变化，小到一日中的白天、晚上，大到工作日、休息日和各种节假日，在不同的时间，人们对商品的使用方法会发生变化。

2）发现消费痛点。消费痛点来源于人们对商品的需求，而需求就体现在各使用场景中，所以痛点选择可以基于前期使用场景的分析结果进行。在选择时有两个原则：一是不易被替代，二是场景高频发生。

3）深挖严重后果。找到消费痛点后，不仅要清晰具体地对痛苦场景进行描述，更要强调没有商品的严重后果，在挖掘严重后果时，可以层层递进，从直接后果出发，关联身体感受、心理情绪，最后跟职场、家庭挂钩，将严重后果最大化。

范例：你们有没有在选择眉笔时觉得很难找到适合自己的颜色？有没有人觉得画眉毛总是画不好或者保持不久？有没有人画眉毛要么不上色，要么画出来就结块？

（3）商品引入话术

在上一阶段，主播已将消费痛点最大化，让观众意识到问题的严重性，此时就是商品隆重登场的时候。设计商品引入话术时可以基于以下两点综合考虑。

1）商品展示说明，配合商品展示进行商品描述，可以结合色彩、香味、风格等，围绕目标人群标签进行个性化发挥。

2）理想场景描述，该部分针对消费痛点，具体细致地描述拥有商品后的理想生活。

范例：这款眉笔就是为解决这些问题而设计的，一起来看看它的神奇之处！色彩饱满而自然，而且持久度超赞！

（4）商品讲解话术

经过商品引入环节后，观众可能会对商品产生兴趣，引发好奇，比如观众感觉似乎需要商品，但是对于商品是不是真的像主播所描述得那么好，还存在一定的疑虑。此时，主播要通过商品讲解，说清楚商品为什么好，讲解话术不能简单罗列商品特点，可以借助利益推销法，搭配商品展示获得观众的信任，并列举商品使用的多个场景，让观众觉得商品物超所值，打消疑虑。

范例：这款眉笔上色效果非常好，轻轻一笔，就能让你的眉毛瞬间立体起来，颜色自然饱满，就像天生的好眉毛一样！而且，这款眉笔采用了特殊的配方和工艺，使用起来非常流畅，完全不会有结块的问题，持久度非常好，能够长时间保持妆容效果，即使出汗或者摩擦，也不会轻易脱妆，让你的眉毛始终保持完美状态！

（5）下单成交话术

下单成交环节最重要的就是让观众产生信任。设计下单成交话术时可以基于以下四点综合考虑。

1）利用从众心理，大家都在买，肯定差不了。例如，用销量数据、复购率、好评率、顾客评分等，来证明商品靠谱，打消观众疑虑。

范例：这款商品之前我们在 ×× 已经卖了 10 万套！

2）分享使用者用后体验，如果加上特定的身份加持，效果更好。例如，在直播间展示主播自己的淘宝购买订单，证明某款商品是“自用款”，用“自用款”为商品担保。

范例：我自己就在用，已经用了 10 瓶了，出差也天天带着！真的特别好用！

3）抛出巨大优惠，常用平台比价、直播间低价及意外福利等打破观众对价格的担心。

范例：天猫旗舰店的价格是 79.9 元 1 瓶，我们直播间买 2 瓶直接减 80，相当于第 1 瓶 79 元，第 2 瓶不要钱，再给你多减 2 元，我再送你们雪花喷雾，这 1 瓶也要卖 79.9 元！超值福利，买到就是赚到！

4）制造商品稀缺感。例如，有些商品因为技术繁杂、成本高等，商家不会接着再生产了，直播时主播就可以强调这一点。

范例：真的是最后 2 件了，喜欢的宝宝抓紧拍，因为这个系列以后不做了。

二、催单促销

催单促销是一种通过巧妙的营销手段，激发观众购买欲望，提高观众购买意愿的策略。这种策略旨在通过强调商品的独特性、优惠性或营造紧迫感，引导观众迅速完成购买行为。催单促销通常在直播结束前 10～15 分钟进行，催促观众下单购买。催单促销的常见方法如下。

1. 限时特价

提供一段时间内的独家特价，通过限时折扣来促使观众迅速下单。在促销期间，突出特价的优势，强调机会有限，营造紧迫感。

2. 库存紧张提醒

向观众传递库存紧张的信息，告知商品数量有限，促使观众尽快下单，以免错失购买机会。可以通过页面上的库存剩余数量、销售速度等方式呈现。

3. 赠品或附加服务

提供购买即赠送的促销方案，如购买某商品附赠小礼品或免费配送等，以刺激观众的购买欲望，让观众感受到购买商品带来的额外价值。

4. 独家会员优惠

针对会员提供独享的促销优惠，如会员专属折扣、提前购买资格等，以增强观众对会员身份的认同感，推动购买行为的发生。

5. 购物车提醒

对观众已加入购物车但未付款的情况进行提醒，强调优惠期限、库存限制等信息，促使观众尽快完成直播间流程。

6. 直播间互动

开展互动活动，如抽奖、评论有奖等，通过互动形式促使观众购买。

范例：宝贝们！活动马上结束了，要下单的朋友们抓紧咯！

不用想，直接拍，只有今天有这样的价格，往后只会越来越贵。

线上抢购的人数多，下单 3 分钟内不付款就取消订单了，把优惠留给真正需要的人，大家看中了抓紧时间下单哈！

数量有限，看中了一定要及时下单哦，马上就要卖完了哦！先付先得，最后 2 分钟！最后 2 分钟！活动马上结束了，要下单的朋友们抓紧咯！

这款针织衫是咱家独家定制的，数量有限，如果你看中了一定要及时下单哦，马上就要卖完了哦！

还有最后 3 分钟，没有买到的宝宝赶紧下单、赶紧下单，时间到了我们就下架了！

任务执行

1. 分组，并按预期工作要求进行分工。

2. 小组合作，根据任务背景资料，设计直播销售话术，完成表 3-2-1。

表 3-2-1 “零食狂欢节”直播销售话术（示例）

1. 话题引入 是不是有时候突然想吃点儿小零食，但不知道选择什么好？零食种类繁多，有时候真的难以做出决定，是吧？大家有没有在面对众多零食时感到选择困难？欢迎在评论区告诉我你们的心声！

续表

2. 痛点挖掘 主要是又健康又美味的零食太难找啦！不是高油、高糖、高盐，就是添加了各种不知名的添加剂，就怕馋还没解，身体先受损了！大家有没有同样的担心？ 3. 商品引入 大家准备好迎接美味的时间了吗？现在我要向你们推荐的这款芒果干不仅口感细腻，而且有着令人陶醉的浓郁果香，绝对是你零食柜里的不可或缺之物！ 4. 商品讲解 这款芒果干采用的是优质芒果，经过精心挑选和处理，保留了芒果的原始风味。吃起来酸甜适中，口感柔韧有嚼劲，真的是越嚼越香，让人回味无穷。 除了口感好之外，这款芒果干的营养价值也很高。它富含丰富的维生素C和多种矿物质，对我们的身体有很好的保健作用，而且，它采用低糖、低脂的制作工艺，吃起来更加健康。 5. 下单成交 这是一款限量销售的芒果干，只有在今天的直播中才能购买到，我们将提供独家的折扣和额外优惠，直播间购买现在只需要19.5元，现在就是你抢先尝鲜的机会！

3. 设计催单促销话术，完成表3-2-2。

表3-2-2 “零食狂欢节”催单促销话术（示例）

只有在直播结束前购买，你才能享受到额外的折扣！ 这是我们为你们准备的特别惊喜，趁热抢购吧！ 还有不到10分钟的时间，这款零食的独家促销就要结束了！ 现在就赶紧下单，别错过这个绝佳的购物时机！

任务评价

任务完成后，请根据表3-2-3，对任务完成情况进行总体评价。

表3-2-3 小组任务完成情况评价表

<table>
<tr><td>任务编号</td><td></td><td>任务名称</td><td colspan="3"></td></tr>
<tr><td>小组名称</td><td></td><td>小组成员</td><td colspan="3"></td></tr>
<tr><th>评价项目</th><th colspan="2">评价标准</th><th>评价分值</th><th>得分</th><th>备注</th></tr>
<tr><td>知识目标</td><td>直播销售话术</td><td>◇ 了解直播商品销售“五步法”
◇ 熟悉常见直播销售话术
◇ 了解直播催单促销的目的、方法
◇ 熟悉常见催单促销话术</td><td>20</td><td></td><td></td></tr>
</table>

续表

评价项目	评价标准		评价分值	得分	备注
技能目标	推介商品	能推介商品	30		
	催单促销	能催单促销	30		
素养目标	团队意识	小组合作，分工明确，服从安排	5		
	时间管理	时间分配合理，遵守计划安排，按时完成	5		
	学习态度	积极、主动、探究	5		
	其他	其他相关素养，如文学修养、协作精神等	5		
综合得分 / 评价等级：			评价人 / 日期：		
说明：评分范围为 A 到 D。A 对应“优秀”（≥85 分），B 对应“良好”（≥70 分，<85 分），C 对应“合格”（≥60 分，<70 分），D 对应“不合格”（<60 分）					

学习任务 3　直播引流

学习目标

知识目标

1. 了解直播引流内容的要素及形式
2. 熟悉站内外的引流渠道及投放步骤
3. 熟悉引流投放的时机

技能目标

1. 能制作并投放直播海报
2. 能完成引流短视频和直播切片的投放

任务下达

“土豆鱼儿”直播间将于本周五晚 8 点，开启一场“零食狂欢节”专场直播。

本任务需要学生根据直播商品（详见表 2-1-1），完成以下工作：

1. 制作直播海报并完成投放；
2. 完成直播引流短视频和直播切片的投放。

相关知识

流量对销售额至关重要。与日常引流不同，直播引流旨在通过有效途径吸引更多人关注和进入直播间，增加观众数量。直播引流成功的关键在于引流内容要吸引人、推广渠道要广泛、投放时机要合理。简言之，直播引流需精准、有吸引力且高效，才能提升销售额。

一、引流内容

图文和视频是直播引流的重要手段，它们承载着直播、商品和品牌相关的大量信息，在各种传播媒体和渠道中广泛而高效地传播，达成营销使命。前者的代表形式是直播海报，后者的代表形式是短视频，两者相结合能够在有限的空间和极短的时间内，快速吸引目标观众的注意力。

如果按引流的呈现形式划分，常见的直播引流方式有直播海报、引流短视频等，下面分别介绍。

1. 直播海报

直播海报是吸引观众参与直播的重要工具，通过具有吸引力的视觉元素和简明扼要的信息，如直播主题、主推商品、优惠活动、直播时间等，提高观众的兴趣。直播海报内容策划的使命就是将上述信息和直播营销目标相结合，让信息能够更好地发布出去，从而吸引更多的流量。

（1）确定海报的内容

为发挥好引流的作用、提升引流效果，在策划直播海报时通常要考虑呈现以下要素。

1）直播主题。每一场直播就是一场活动，首先要明确说明直播的主题，简单明确地展示此次直播的核心内容，目的是让人们一看到直播主题，就能判断这场直播是否与自己相关。如果直播主题贴合人们的需求，那自然会引起人们的关注。

如图 3-3-1 所示，该海报的标题是“智享生活好状态”，还有商品图片和品牌标志，传递的信息就是该场直播商品会有某品牌的液晶电视机，对于对电视机有需求的人们来说，这场直播很具有吸引力。

2）主推商品。一场直播，商品少则几十件，多则上百件，在前期引流时，不可能把每一件商品信息都进行预告。虽然直播主题的呈现，可以向人们传递直播的主要品类或应用场景，但还是需要有主推商品的信息来激发人们的购买欲望。

如图 3-3-2 所示，该海报的标题是“兰蔻双 11 明星驾到”，一看就知道这场直

播有明星带货。但是，如果只有主题呈现，那只知道有明星，却不知道是哪个明星，无法判断是否是自己喜欢的明星，以及带货商品是不是自己需要的。所以在海报中，可以看到除了有标题外，还有明星的照片以及品牌的具体商品等信息，吸引感兴趣的人群关注直播。

3）促销元素。人们愿意在直播间购物的一个重要因素是直播间商品的促销力度通常较大，所以折扣、买赠等促销元素的呈现也是直播海报的重要内容之一，承担着激发人们购买欲望、吸引人们关注直播的重要作用。

如图 3-3-3 所示，映入眼帘的就是大大的一行“百万红包雨”，海报的标题是“京东 11.11，真便宜”，而且还写清楚了“京东自营全场价保！”，极具吸引力。

图 3-3-1　商品直播海报（1）

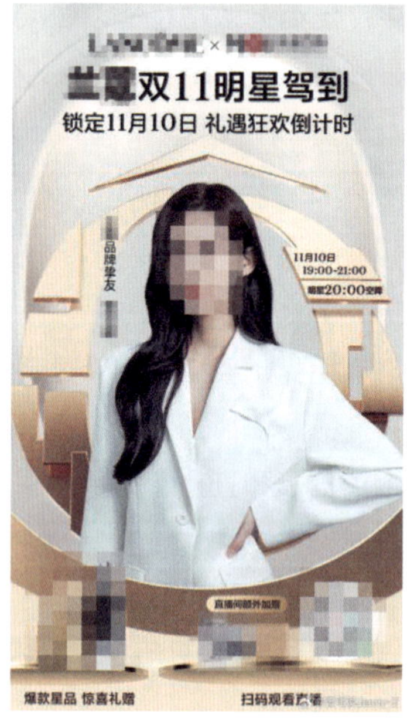

图 3-3-2　商品直播海报（2）

图 3-3-3　商品直播海报（3）

4）直播时间。直播海报中还要告知具体直播时间，以方便想要观看直播的人群提前做好时间安排。如图 3-3-2 所示，标题下面有明显的“11 月 10 日”和“19：00-21：00”等具体的直播时间信息。

5）直播入口。常见直播入口的引导方式有两种：

第一种，文字提示指引。在直播海报中仅给出文字提示，通常是直播平台名称和品牌、商品或主播的名字。采用这种方式最主要的原因是在公域渠道宣发海报时，很多平台会限制或禁止使用二维码等具有明显引流信息的内容，因此仅能选择文字提示。

第二种，直播二维码。直播海报上通常会印有直播间二维码，同步配有相应的文字引导。

当然，还有一种特别的情况，那就是对于知名头部主播而言，其直播海报上可能既没有直播二维码，也没有文字提示指引，那是因为有直播消费习惯的人群，都知道该主播的直播间在哪里，不提示也可找到。

6）其他元素。在直播海报中，除了上述五项基本元素外，还可以突出呈现其他能够吸引人们进入直播间的元素，常见的有客串知名人物、娱乐资讯热点、权威认证证书等内容，以吸引更多人的关注。

（2）准备海报的素材

直播海报中的图片，除了主播人物形象外，最常见的是商品图片。这些图片可以自行拍摄，也可以从以下途径获得：

第一，从商品详情页收集图片。电商平台或品牌官网的商品详情页通常有某件商品非常详细而具体的介绍，其中不乏商品从包装到外观多个角度、多个使用场景的图片，可以根据直播引流宣传的需要，从中选取合适的图片作为直播海报的图片素材。

第二，从网络收集图片。有时候原创素材拍摄不理想，或是无法满足直播海报制作要求的时候，就需要借助外部力量——搜索引擎，从海量的网络世界中收集需要的素材，但要注意使用权限。

2. 引流短视频

直播引流的另一种主要方式是短视频引流，是指用短视频这种富媒体方式呈现与直播、商品和品牌相关的信息。运用短视频呈现商品外观样式、使用功效、适用场景、生产过程等内容，可以更好地展现商品的卖点，引发人们的关注，激发人们的购买欲望。引流短视频按内容来源分类，可以分为主题创作型和直播切片型两类。

（1）主题创作型

主题创作型短视频按表现手法的不同可以分为以下五种常见类型：

第一种是直接展示型短视频，适用于使用功效可以通过肉眼观察或即时呈现的商品，如彩妆、服饰、日用家电等类型的商品。

第二种是实验证明型短视频，适用于使用效果肉眼无法短时间直接观察或使用效果不能即时呈现的商品。这类引流短视频根据商品的独特卖点或功能点设计实验方法，通过实验展现商品的优越性能。

第三种是对比测评型短视频，通过展示使用本商品与其他商品的效果对比来推广商品。这类引流短视频聚焦商品卖点，通过与其他商品做对比测评展现商品的突出卖点。

第四种是场景应用型短视频，通过展示商品使用场景，给消费者做引导和示范，唤醒消费者的需求。这类短视频能让人们在观看时更有代入感，联想到自身使用商品后能获得的幸福感和满足感，从而产生购买的欲望，进而关注商品的直播。

第五种是剧情创意型短视频，以商品作为剧情故事的媒介在短视频中呈现，在策划时可以考虑从商品本身和使用人群两个角度出发来构建短视频创意。前者可以结合商品卖点在剧情中使用道具，让人们在轻松愉悦地观看短视频的同时，也对商品的卖点印象深刻。后者根据目标人群的年龄、性别、个性特征、职业特点或生活态度等设计剧情，引发人群共鸣，同时商品在短视频中高频呈现，强化人们对商品的印象。

（2）直播切片型

直播切片通常指的是将直播视频流分割成多个小片段，以便更好地管理、存储和传输视频内容。直播切片技术可以在直播中灵活地插入广告进行引流。在直播领域，切片技术的应用多种多样，以满足不同需求和场景。

1）直播切片的分类。常见的直播切片类型有时间切片、关键事件切片、内容主题切片、互动切片、商品展示切片、广告切片、特效和滤镜切片、赞助商切片等。

其中，时间切片是将直播内容按照时间划分成小片段，一般 10～30 秒。这种切片类型常用于直播回放，使观众能够快速定位感兴趣的内容；关键事件切片是根据直播中的关键事件或亮点将直播内容切片，方便观众回顾直播的重要时刻。

2）直播切片的制作方法。

①巨量百应直播切片的制作。

第一步，打开巨量百应直播后台，登录抖音账号。

第二步，进入主页后，点击“直播管理”（见图 3–3–4）。

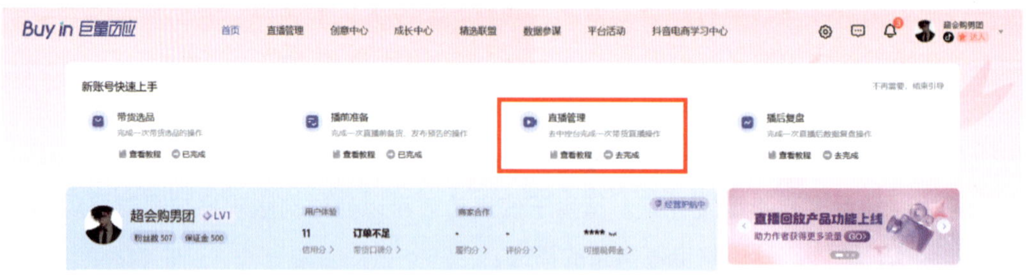

图 3–3–4　巨量百应直播后台

第三步，点击直播回放（见图 3–3–5），找到所需的直播片段，点击“下载”保存到本地即可。

②抖音本地直播切片的制作。

第一步，打开本地直播（专业版）后台，登录账号（见图 3–3–6）。

第二步，进入主页后，找到“数据”版块，先点击“直播记录”，再点击“数据概览”；找到直播列表中任意一场直播，点击直播后的“直播复盘”（见图 3–3–7）。

图 3-3-5　巨量百应直播回放

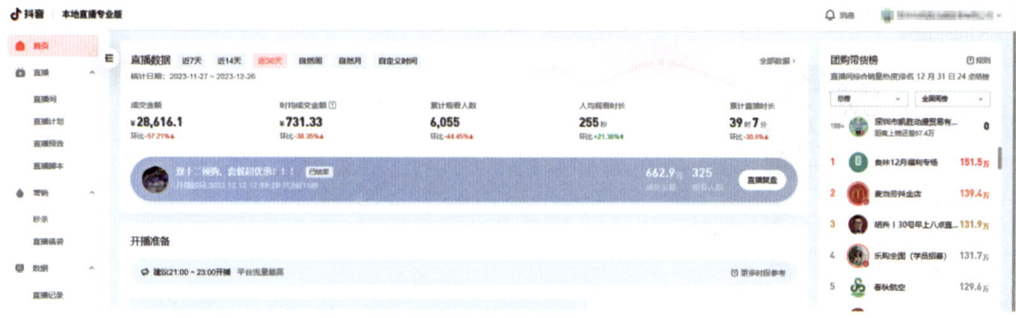

图 3-3-6　抖音本地直播（专业版）后台

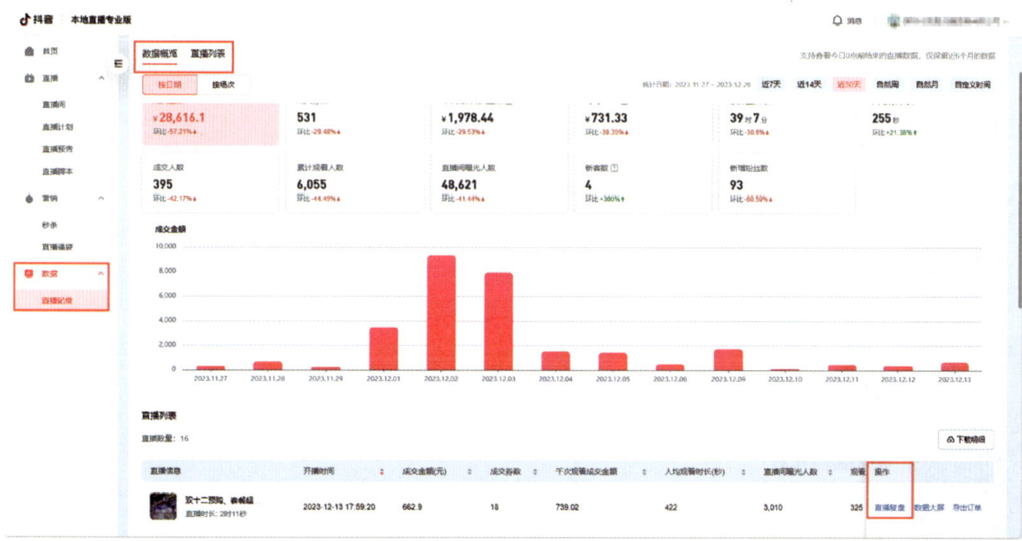

图 3-3-7　抖音本地直播记录

第三步，进入“直播复盘”页面后，点击右上方的“回放视频”（见图 3-3-8）。

图 3-3-8 抖音本地直播复盘

第四步，进入“直播视频”页面后，选择“剪切视频起止时间”（见图 3-3-9）。

图 3-3-9 抖音本地直播视频

第五步，点击“生成切片视频”后，“直播切片列表”下方就会自动生成视频，点击“生成视频”下载保存到本地即可（见图 3-3-10）。

图 3-3-10 抖音本地直播切片列表

二、引流渠道

在选择引流渠道时，要根据目标受众、直播内容特点和品牌定位来制定合适的策略，不同渠道的组合使用可以更全面地覆盖目标受众，提高直播的关注度和观众参与度。

以抖音为例，常见的引流渠道大致有以下几种。

1. 站内推广

（1）抖音账号推广

利用抖音个人主页发布有关直播的预告（见图 3-3-11）或直播海报（见图 3-3-12）等信息。在个人主页上设置专门的直播专区，让关注者能够方便找到与直播相关的内容。

图 3-3-11　个人账号发布直播通告

图 3-3-12　个人账号发布直播海报

（2）DOU+ 付费投放

在抖音平台进行付费投放，以付费方式提高直播的曝光度。具体操作方法如下：

第一步，打开抖音个人主页，点击“创作者中心”，随后点击“上热门”，如图 3-3-13 所示。

第二步，选择投放目标，也就是选择“账号经营”“获取客户”或者“直播间推广”，同时选择想要获取的数据，包括“点赞评论量”“粉丝量”“头像点击”“主页浏览”等内容，如图 3-3-14 所示。然后，选择想要引流的视频。

第三步，如果没有太多投放经验，可以选择“系统智能推荐”（见图 3-3-15），系统会自动匹配账号信息进行智能推荐。如果选择“自定义定向投放”，则可以自定义选择性别、年龄、地域、兴趣标签等内容，进行自定义精准投放推广，如图 3-3-16 所示。

第四步，选择投放金额、预约投放时间、支付投放金额，完成投放，如图 3-3-17 所示。

图 3-3-13　抖音“上热门”

图 3-3-14　选择投放目标

图 3-3-15　选择“系统智能推荐”

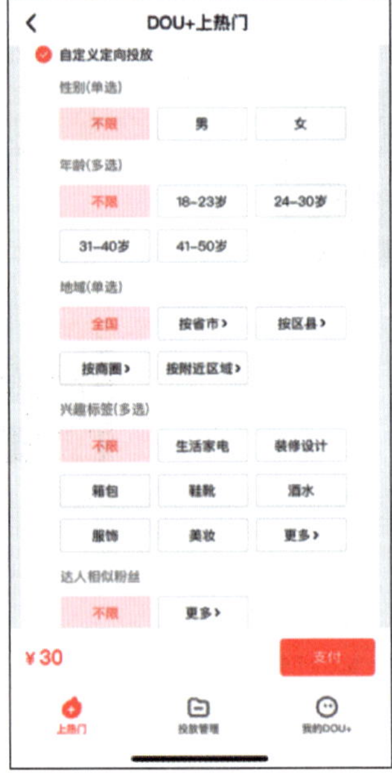

图 3-3-16　选择“自定义定向投放”

图 3-3-17　完成投放

（3）其他投放

站内的投放方式还有很多，如图 3-3-18 所示，仅区域①中的直播推荐就有“推荐 Feed”“同城”“其他推荐场景”和“直播广场”等。此外，区域①中的“小店随心推”“千川品牌广告”以及区域②中的“个人主页 & 店铺 & 橱窗”和“关注”等也会带来平台内的免费或付费流量。

2. 站外推广

站外的推广渠道也非常丰富，如图 3-3-18 所示，区域②中的“搜索”“短视频

图 3-3-18　某直播间某次直播的流量渠道

引流”和“头条西瓜”等，都是在各类站外平台的推广投放。主播可以根据自己的直播间定位、“粉丝”画像、带货商品及可承担的成本等因素，选择合适的平台进行投放。下面介绍一些常见的站外推广渠道。

（1）小红书

在小红书上可以发布关于商品的图文内容，如商品的使用心得、搭配建议等，同时发布与直播相关的信息。小红书以社区效应为主，适合时尚、美妆等领域的商品推广，可选择有一定“粉丝”量的 KOL，发挥他们的引流作用。

（2）微信朋友圈

可以利用个人或品牌的微信朋友圈发布图文混排的商品信息、直播海报等相关内容，通过亲密的社交关系提高直播关注度，如图 3-3-19 所示。

图 3-3-19　微信朋友圈直播预告

（3）微信公众号

微信公众号有较高的用户活跃度，适合进行详细的商品展示和推广。可以在微信公众号上发布直播内容，包括直播信息、商品介绍、使用场景、直播入口链接等，如图 3–3–20 所示。

（4）微博

可以利用微博的图文混排形式发布直播海报，通过 @ 明星、@ 品牌等形式提高转发和关注度，如图 3–3–21 所示。微博平台的内容传播速度较快，适合推广新品。

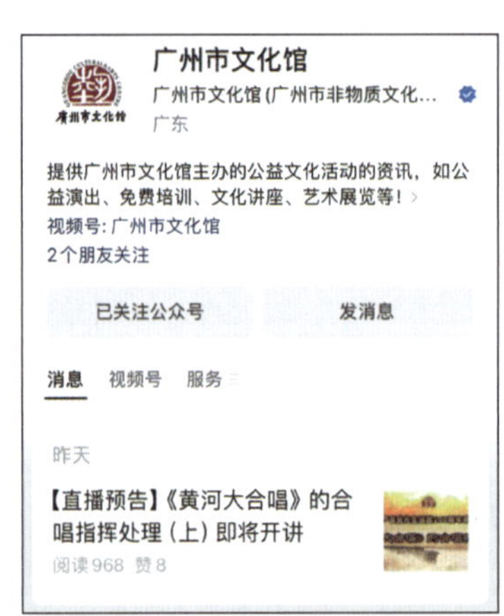

图 3–3–20　广州市文化馆官方公众号直播预告

图 3–3–21　微博直播预告

（5）今日头条

今日头条作为一个内容聚合平台，也提供了直播服务，可以用于直播引流。在今日头条上发布能够引起用户兴趣的标题，并设计具有吸引力的封面，能够吸引用户点击进入，如图 3–3–22 和图 3–3–23 所示。

综上所述，直播的引流渠道非常丰富，为了保证投入产出比，取得更好的推广引流效果，一定要多方比较，必要的时候进行适当的试投测试推广效果，以便将有效的资源用在更好的渠道上。

三、引流时机

除了引流内容和引流渠道外，引流时机也是影响引流效果的重要因素。

图 3-3-22　抖音文创今日头条直播预告　　　　图 3-3-23　商务印书馆今日头条直播预告

直播引流开始于直播前，一般在开播前 3～5 天，大型直播更早，如每年竞争激烈的“双 11”，主播们甚至提前一个月就开始进行直播引流了。这一阶段应持续发布或更新预热视频或直播海报，到播前 1～2 天发布社群直播公告，同时在各大平台发布预热视频。发布预热视频时注意要带上超话和热点话题。如“直播预告超话 #×× 直播预告 #11 月 11 日晚 19：00，×× 直播间，全年最低价，100+ 宝贝，心动就来！”同时，在社群和朋友圈等渠道还可以发起活动，如对于完成关注 + 点赞或者转发评论的用户，有机会获得大额抵用券、实用小礼品等惊喜福利。此外，也可以联合行业内的 KOL 同步发布预热视频，可以触达更多用户，让活动热度不断高涨。

直播当日，应增加直播海报或预热视频的发布频次。根据平台用户特点选择发布时段，发布引流短视频，提醒“粉丝”准时进入直播间参与活动。在开播前 2～3 小时再次发布预热视频，提前预告当天直播最有吸引力的商品或活动。也可以根据渠道的特点策划一些活动，如直播开始前 1 小时内，发倒计时公告提醒“粉丝”，可以在“粉丝”群通过公告 + 群接龙的形式发起接力，也可以通过专属福利带动群里的气氛。直播开始前半小时可以再发布一次预告视频。直播开始后，将直播链接直接分享在群内，并配上转发文案。直播过程中还可以发布直播切片或不断发布引流短视频，让群成员分享朋友圈，引导更多人进入直播间。

直播结束后，在直播平台内外的“粉丝”讨论区发布或开通超话，将直播中具有讨论性的话题发布在讨论区，通过讨论交流增加“粉丝”黏性。将直播切片进行再次剪辑制作，对于直播中的高光环节，可以再次包装宣传，延长“粉丝”记忆，形成二次传播，为下一次直播打好基础。

任务执行

1. 分组，并按预期工作要求进行分工。
2. 小组头脑风暴，策划并完成直播海报，填写表 3–3–1。

表 3–3–1 “零食狂欢节”直播海报制作工作表（示例）

海报要素	详细内容	文案及配图
直播主题	零食狂欢节	略
主推商品	其妙芝士芋泥流心雪媚娘蛋黄酥等	
促销元素	1. 满减优惠：满 100 元减 20 元，满 200 元减 50 元；2. 限时秒杀：特定时间段内，部分商品享受超低价；3. 买赠活动：购买指定商品，赠送精美小礼品；4. 积分兑换：使用积分兑换优惠券或实物奖品；5. 抽奖活动：观看直播并参与互动，有机会赢取大奖	
直播时间	周五 20：00–22：00	
直播入口	微信公众号：关注“零食狂欢节”公众号，点击底部菜单“直播入口”	
其他元素	1. 主持人：邀请知名网红或明星担任直播主持人；2. 互动环节：设置观众提问、弹幕互动等环节，提高观众参与度	

3. 完成引流短视频和直播切片的投放，填写表 3–3–2。

表 3–3–2 “零食狂欢节”引流投放计划表（示例）

序号	投放内容	投放时间	投放渠道
1	直播海报	直播前	微博、小红书
2	直播商品引流短视频	直播前	抖音、小红书
3	直播切片	直播当天、直播后	微博
4	实时互动和抽奖	直播中	抖音、“粉丝”群
…	…	…	…
说明：具体投放时间、投放方式可根据费用预算和直播节奏自主安排。			

任务完成后，请根据表 3-3-3，对任务完成情况进行总体评价。

表 3-3-3　小组任务完成情况评价表

任务编号		任务名称			
小组名称		小组成员			
评价项目	**评价标准**		**评价分值**	**得分**	**备注**
知识目标	引流内容	了解直播引流内容的要素及形式	15		
	引流渠道	熟悉站内外的引流渠道及投放步骤	15		
	引流时机	熟悉引流投放的时机	5		
技能目标	引流内容制作	能制作并投放直播海报	25		
	引流投放计划	能完成引流短视频和直播切片的投放	20		
素养目标	团队意识	小组合作，分工明确，指令清晰，服从安排	5		
	时间管理	时间分配合理，遵守计划安排，按时完成	5		
	学习态度	积极、主动、创新、探究	5		
	其他	其他相关素养，如文学修养、设计审美、协作精神等	5		
综合得分 / 评价等级：			评价人 / 日期：		
说明：评分范围为 A 到 D。A 对应“优秀”（≥85 分），B 对应“良好”（≥70 分，<85 分），C 对应“合格”（≥60 分，<70 分），D 对应“不合格”（<60 分）					

学习任务 4　观众互动

● 知识目标

1. 了解观众互动的概念
2. 了解观众互动的重要性

3. 熟悉常用的观众互动方式
4. 熟悉常用的观众互动话术

- 技能目标

1. 能使用各种观众互动方式
2. 能撰写各种观众互动话术

任务下达

“土豆鱼儿”直播间将于本周五晚 8 点，开启一场“零食狂欢节”专场直播。

本任务需要学生完成以下工作：

1. 运用不少于 3 种互动方式，完成直播间观众互动板块的话术策划；
2. 组织实施直播时的观众互动环节，要求互动有序进行、气氛热烈、节奏带动效果好。

相关知识

直播中的观众互动是指通过各种形式的互动活动，与观众建立互动关系，促进观众的参与和购买意愿，从而提高直播带货的效果。

一、互动形式与工具

随着各大直播平台的快速发展，直播商家、达人数量越来越多，各类直播形式层出不穷，互动形式也五花八门，但归纳起来，无外乎精神奖励类、物质奖励类两种互动形式。

1. 精神奖励类互动形式

精神奖励类互动形式是指通过给予观众精神上的奖励，激发他们的参与和互动。这种互动形式不需要商家或直播达人投入实质性的成本，而是需要投入更多精力在玩法策划上。

（1）引导观众点赞

直播间的点赞数代表着主播的人气值和直播间的活跃度，点赞数越多，主播的人气越高，就越能吸引更多观众进入直播间。引导观众点赞的常用方法是在点赞数达到某个值时发放优惠券、红包等福利。例如，主播可以提醒“全场点赞数达到 5 万时开启一轮红包派送”。同时，主播需要引导观众将直播间分享给朋友，邀请朋友一起参与

点赞，争取尽快领取福利。

（2）引导观众评论

主播可以采用提问、玩猜谜语或脑筋急转弯、商品知识问答等方式引导观众评论。此时，主播可开启评论功能发送评论内容，以抖音直播平台为例，具体操作如下：

第一步，在抖音直播界面右下角点击“更多”按钮（见图3-4-1），在打开的“互动能力”功能栏中点击“评论”按钮（见图3-4-2）。

第二步，在弹出的面板中开启评论功能，输入评论内容，然后点击“发送”按钮。此时，直播间中就会滚动出现此条评论。

在与观众互动的过程中，为防止观众出现措辞不当、言语攻击主播或直播内容等情况，主播可提前设置屏蔽词，屏蔽可能会出现的不良信息，避免直播节奏被不良评论信息打乱。设置屏蔽词的具体操作如下：

第一步，在抖音直播界面右下角点击“更多”按钮。在打开的“基础功能”功能栏中点击“直播管理”按钮，如图3-4-3所示。

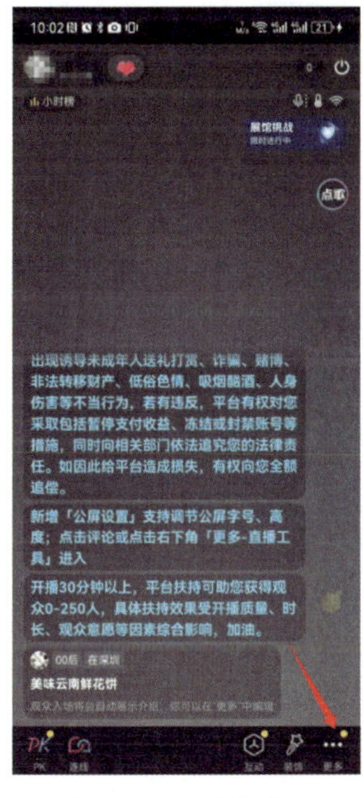

图 3-4-1　直播界面

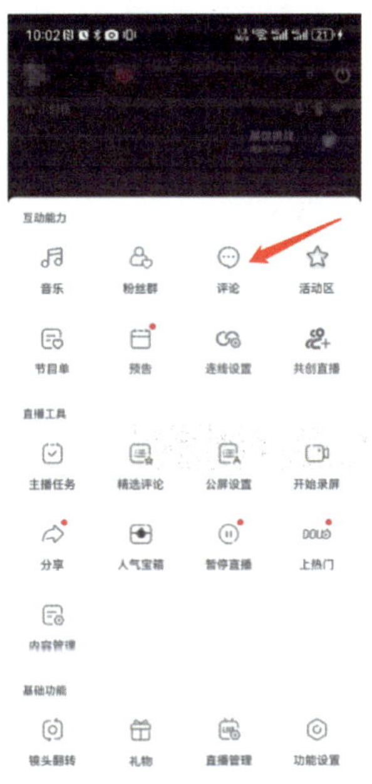

图 3-4-2　点击“评论”按钮

图 3-4-3　点击“直播管理”按钮

第二步，打开“直播管理”面板，点击“屏蔽词设置”按钮，输入屏蔽词，点击“发送”按钮，如图3-4-4所示。设置完成后，直播间内将屏蔽所有包含屏蔽词的评论。

（3）连麦 PK

连麦 PK 即主播在直播时对另一个直播间的主播发起“挑战”，一旦对方接受“挑

战”，直播画面将一分为二，同时显示两个主播的直播画面，双方“粉丝”也会进入同一个直播间中。连麦 PK 在一定程度上是两位主播的资源共享，相当于各自增加一个曝光的广告位。主播选择的连麦 PK 对象最好与自己的“粉丝”量相近，如果双方选择的商品是互补的，可以有效增加双方的销售额，实现最大化引流。以抖音直播平台为例，直播间连麦 PK 的具体操作如下：

第一步，在抖音直播界面左下角点击“PK”按钮，如图 3-4-5 所示。

第二步，在弹出的面板中点击“发起随机 PK”按钮，随机匹配主播（也可以点击“邀请 PK”按钮，邀请主播进行 PK），如图 3-4-6 所示。

图 3-4-4　屏蔽词设置

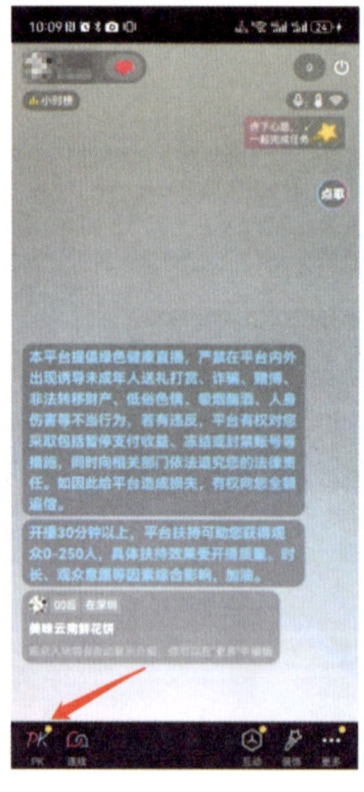

图 3-4-5　点击“PK”按钮

图 3-4-6　点击“发起随机 PK”按钮

2. 物质奖励类互动形式

物质奖励类互动形式是指通过给予观众实质性的奖励，激发他们的参与和互动，这些奖励可以是实物礼品、优惠券、红包、折扣码等具有一定价值的物品或福利。以下是一些常见的物质奖励类互动形式。

（1）派发红包

派发红包是提高直播间人气、延长观众在直播间停留时长、提高直播间权重的有效方式之一。不同平台对红包的设置各有不同，但其使用和基本操作还是类似的。下面以抖音直播平台为例，介绍直播间派发红包的具体操作。

1）红包类型。抖音直播平台的红包常见有两类：

一是礼物红包，红包内可选择加入“爱心”“啤酒”或“棒棒糖”等道具，观众领取后可以在直播间通过“礼物”功能“打赏”给其他主播。

二是抖币红包，红包内可装入抖音的虚拟货币“抖币”，观众领取后可用于购买虚拟道具、主题皮肤等，如图 3–4–7 所示。

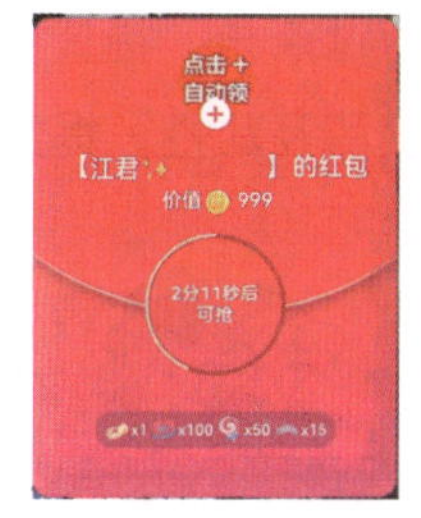

图 3–4–7　抖币红包

2）派发方式。派发红包的方式多种多样，既可以在点赞数或关注数达到一定值时发送，也可以每间隔 5 分钟、10 分钟发送或在整点时发送，还可以在观众输入指定内容或拍下订单后发送。

派发红包时，一般将观众领取时间设定为“5 分钟后可领取”，以激发观众的停留欲望，提升直播间观众黏性。

需要注意的是，主播在派发红包时，可以适当用话术引导观众，如“宝宝们，点赞数量达到 5 万，主播就发红包”等。

3）派发方法。以抖音直播平台为例，直播间派发红包的具体操作如下：

第一步，在抖音直播界面右下角点击“更多”按钮，在打开的“基础功能”功能栏中点击“礼物”按钮，如图 3–4–8 所示。

第二步，向上滑动弹出的面板，找到并点击“红包”按钮，如图 3–4–9 所示。

第三步，在弹出的面板中点击“抖币红包”或“礼物红包”选项卡，设置红包金额和领红包的时间，点击“发红包”按钮，如图 3–4–10 所示。红包发送成功后，直播间会显示对应的图标。

图 3–4–8　点击“礼物”按钮

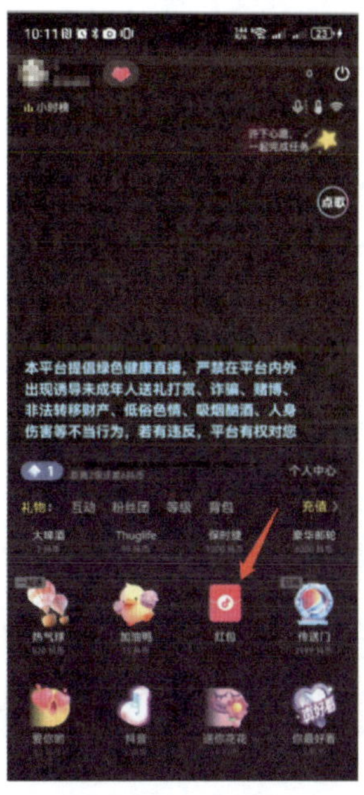

图 3–4–9　点击“红包”按钮

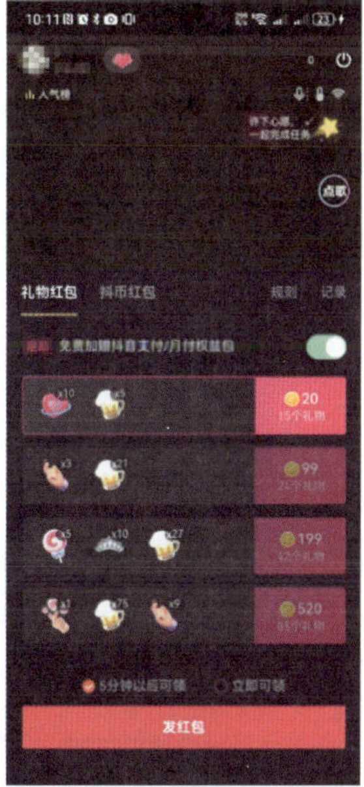

图 3–4–10　点击“发红包”按钮

（2）发放福袋

在直播过程中，主播可以将一定数量的虚拟红包或者实物礼品放入福袋中，观众通过点击“福袋”图标来领取奖励或者参与抽奖活动。发放福袋可以增加观众的参与度和互动性，提升直播间的关注度和观众停留时长。

知识窗

福袋的来历

福袋起源于日本发福袋传统，意味着幸运和惊喜。这种传统在日本的新年期间特别流行，商家会在袋子里装入各种商品，以低于市场价的固定价格出售，买家在购买前无法看到袋中的内容。在电商直播中，这一概念被借鉴，主播会通过各种方式（如抽奖、答题、互动等）向观众发放电子形式的“福袋”，里面可能包含优惠券、小礼品或者特别优惠等。这样不仅增加了直播的互动性和趣味性，也能有效提升观众的购买意愿和品牌忠诚度。

1）福袋类型。福袋按触发机制不同，可以分为以下几种常用类型。

①随机福袋。在直播过程中，主播或者品牌方会不定时地发送福袋，观众可以通过点击“福袋”图标来领取奖励。福袋的数量和价值可以根据直播的进程、观众互动的情况或者特定的时间节点进行设置。

②任务福袋。主播或者品牌方可以设置一些任务，观众完成任务后即可领取福袋。任务可以包括观看指定时间的直播、分享直播、评论互动等。观众完成任务后，系统会自动发送福袋奖励，如图 3–4–11 和图 3–4–12 所示。

图 3–4–11　评论任务福袋

图 3–4–12　加“粉丝”团任务福袋

③抽奖福袋。主播可在直播过程中设立抽奖环节，观众可以通过点击“福袋”图标来参与抽奖活动。抽奖福袋中可能含有不同等级的奖品，观众有机会获得更高价值的奖励。

④互动竞赛福袋。主播可以设立互动竞赛，观众通过互动行为来积攒积分或者排名，根据积分或者排名高低来发放福袋奖励。例如，评论数量最多的几位观众可以获得福袋奖励。

2）派发方法。发放福袋的操作方法也非常简单，以抖音直播平台为例，派发福袋的操作方法如下：

第一步，在抖音直播界面下方点击“互动”按钮，如图 3-4-13 所示。在弹出的面板中点击“福袋”按钮，如图 3-4-14 所示。

第二步，在弹出的面板中点击“抖币福袋”按钮，设置人均可得抖币、可中奖人数、参与方式等，然后点击“发起福袋”按钮，如图 3-4-15 所示。此时，直播间的观众可参与抢福袋，倒计时结束后将展示幸运观众名单。

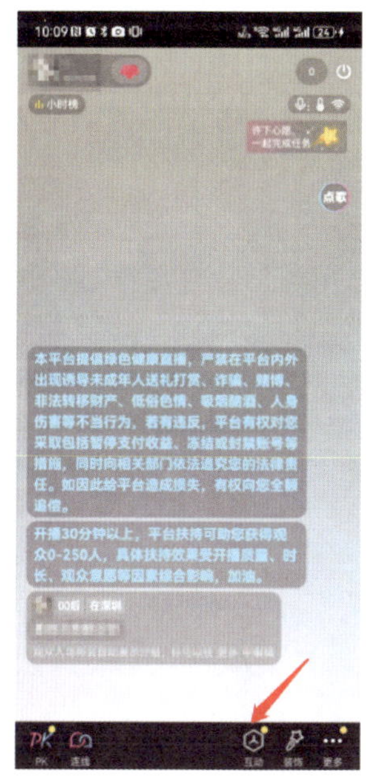

图 3-4-13　点击“互动”按钮

图 3-4-14　点击“福袋”按钮

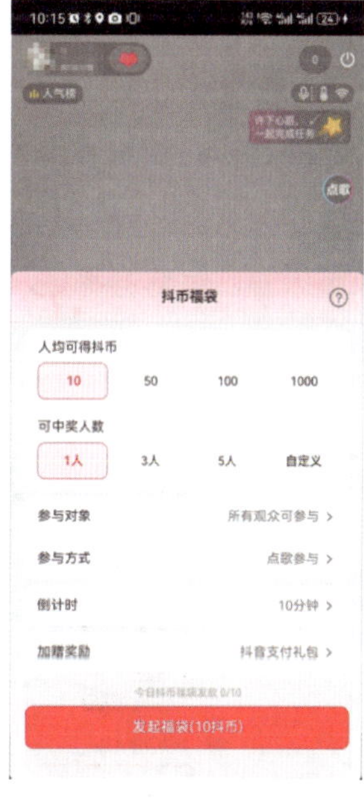

图 3-4-15　点击“发起福袋”按钮

（3）抽奖

观看直播的观众一方面想要购买到实惠的商品，另一方面想体验直播的乐趣。抽奖这种互动方式充满乐趣，是调动观众互动积极性的有效方法之一。在直播过程中，主播可以重复提醒观众将要开启直播抽奖，并说明抽奖的时间节点和规则等，以延长

观众在直播间的停留时长。

设置抽奖时，主播可以设置观众关注直播间并输入正确的关键词后才可领取奖品，这样不仅有利于增加直播间的“粉丝”数量，还可以调动观众的情绪，营造积极的直播氛围。在抽奖时，主播可以通过截图的方式现场播报中奖名单，保证抽奖活动的公正性，抽奖完成后，还可以告知观众下一次抽奖的时间，如图 3–4–16 所示。

图 3–4–16 直播间抽奖活动

（4）发放优惠券

商品优惠永远是观众最关注的信息，在直播间中合理设置优惠券发放环节，可以有效提升销售转化率，还可以引导观众关注直播间。

以抖音直播平台为例，直播优惠券的种类有通用优惠券、涨粉券、达人专属券、店铺新人券、惊喜券等多种（见图 3–4–17）。下面以涨粉券为例说明其用法。

图 3–4–17 直播优惠券

1）用途。可设置新人直减或新人满减，不仅可以提升“粉丝”数量，还可以刺激直播间观众下单，提升销售转化率或客单价。

2）建券方法。店铺自有直播间，可在抖店后台的“优惠券”中进行设置，输入优惠金额、数量等信息后点击“提交”按钮，即可生效，如图 3-4-18 所示。达人直播间不能自己建立优惠券，需要联系商家建券。

优惠设置

优惠方式　立减　满减　折扣

满减面额　满 ¥100 减 ¥2 元

发放量　100 张

优惠券创建后，发放量只能增加不能减少

每人限领　1张

商品范围　指定商品（商品券）　全店商品（店铺券）

提交　取消

图 3-4-18　设置优惠券

3）发放方法。直播期间，在巨量百应后台点击“直播管理”，选择“直播间发券”功能，选择需要发放的优惠券，点击“立即发券”即可完成操作，如图 3-4-19 所示。

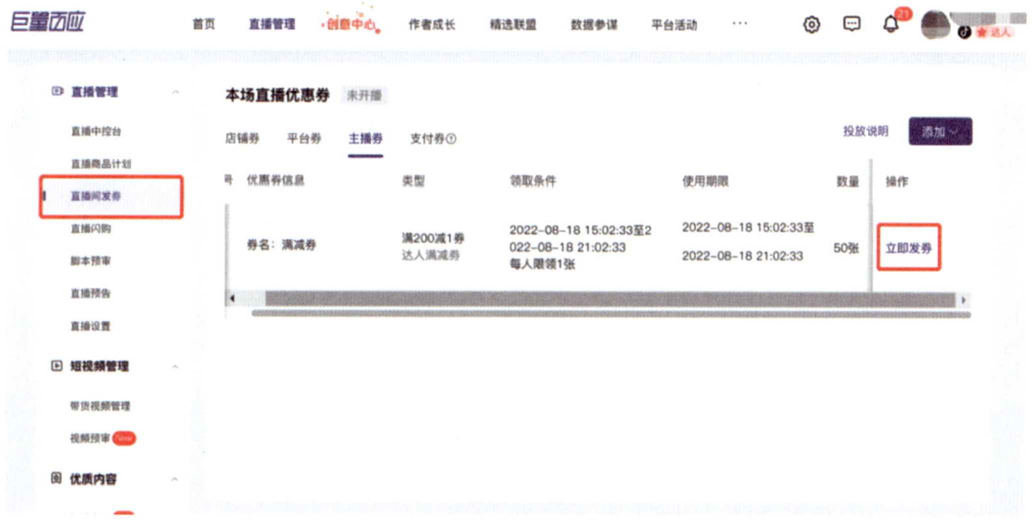

图 3-4-19　发放优惠券

4）领取方法。观众可以在直播间左上角点击有“券”字样的图标进行领取，也可以在小黄车内商品列表点击“领券抢购”直接领取，观众领取后将自动关注主播。店铺“粉丝券”可以与其他券（满减、限时限量购、平台券等）叠加使用。观众领取优惠券路径如图 3-4-20 所示。

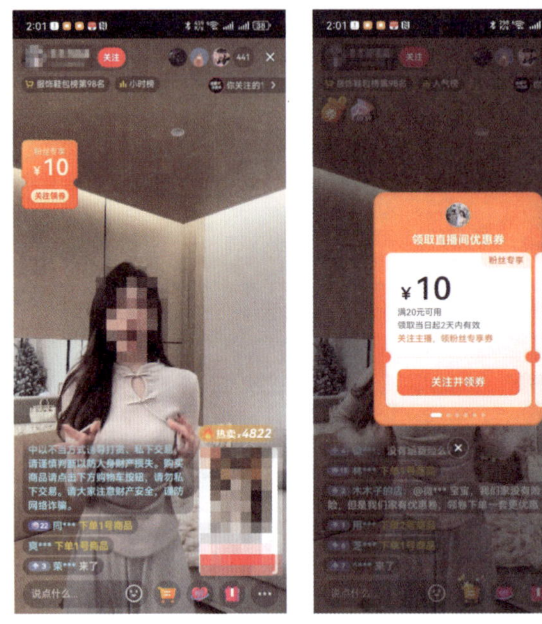

图 3-4-20　观众领取优惠券路径

二、常用互动技巧与话术

在直播互动的过程中，除了要巧妙地设计精神奖励和物质奖励玩法，更为重要的是需要让观众在互动的过程中感受到真诚和乐趣，这就要求主播在直播互动中要多研究观众心理活动，融入一些互动技巧，打磨好互动话术。下面介绍一些常用的互动技巧与话术。

1. 互动技巧

（1）与观众建立信任关系的技巧

1）用专业知识征服观众。在推荐商品时，重复口号式的营销词较难获得观众的好感，使用更加专业的语言才能引起观众的关注。主播需要利用专业的知识来帮助观众解决问题，这样才能更好地与观众建立信任关系。例如，某美妆直播间的主播示范如何正确使用眉笔画出好看的眉毛，解决了观众不会选（眉笔的形状、颜色等）、画不好（持笔姿势、眉形选择、眉线画法）的痛点问题。

2）拉近与观众的距离。具体做法是主播将商品及其使用场景融入故事情节，通

过内容设计突出商品性能及优势。当良好的互动满足了观众的社交需求，自然会提升观众对主播的好感，加深对主播的信任。例如，主播用回忆的形式，强调自己的某一次体验，引出推荐的商品等。

3）耐心回答观众的问题。主播在直播的过程中要多看评论，有耐心、有重点地回答观众的问题。主播关注并回答观众的问题不仅能帮助观众答疑解惑，也能让观众感受到主播的真诚与关注，从而加深对主播的好感。例如，某服装主播频繁地为大家解释关于码数选择的问题等。

（2）激发观众互动热情的技巧

1）开放问题，引导观众参与。利用开放式问题引导观众参与直播，是一种行之有效的互动方法。主播在直播时询问观众开放式问题，可以调动观众的积极性，让主播有机会和观众进行互动，加深彼此的了解，有助于建立更加亲密、信任的关系。例如，主播介绍某款防晒商品前，会问观众“大家是哪里人呀？”“那里热不热？”等。

2）调动感官，激发互动欲望。在直播中调动感官，是指利用具体、形象的感官描述，帮助观众产生联想与想象，激发其参与互动以及购买消费的欲望。

调动观众感官最直接有效的方法就是向观众描述使用商品的真实感受。将眼睛看到的、耳朵听见的、舌头尝到的、鼻子闻到的、心理感受到的信息真实地表达给观众，让观众产生代入感，仿佛亲自体验过一般，极大地提高他们的互动与购买欲。例如，主播在推荐某款充电宝时，为了突出其体积小、便携的特点，可以用手掌、手机与其做对比，或与其他充电宝对比重量（给出具体的克数）等。

3）制造话题，引爆互动热情。主播可以制造话题让观众展开讨论，调整直播节奏，带动观众的参与热情。在话题选择上，可以参考直播活动主题或当下热搜话题，比较容易产生讨论的观点或有价值的看法，推进讨论的持续进行。但是如果观众的情绪过于高昂或讨论的时间过长，也可能影响直播带货的效果，需要主播及时把控现场。

2. 互动话术

在实际工作中，互动的具体话术需要根据直播主题、直播间调性和观众画像进行实时灵活调整。下面给出一些常见的互动话术作为参考。

（1）提问互动

有的主播会设置一些和直播间主题相关的话题，引导观众回答。常见的提问互动话术有：

夏天防晒宝宝们喜欢用防晒喷雾还是防晒霜呢？

防晒之后感觉特别油的宝宝请扣“1”。

（2）点赞互动

直播间的点赞量是一个非常重要的指标，直接关系到平台对账号的评级、流量支持等。对于直播间的观众来讲，操作简单、不花钱及对主播的补偿心理都会让观众不抵触甚至愿意点赞，但这一操作需要被激发和提醒。因此，主播要注意提醒观众点赞。常见的点赞互动话术有：

宝宝们，如果你觉得我的直播内容精彩，不妨给我点一个赞！

每达到100个点赞，我就会送出一份小礼品给幸运观众哦！你的点赞是对我最大的鼓励，也是我们直播团队努力的动力。

快来点赞吧，让我们的直播更加火热和精彩！

记得留下你们的点赞和留言，我会在直播中特别感谢你们的支持和参与的！

（3）评论互动

评论互动是发挥直播长尾效应的重要途径。通过在评论区与观众互动，可以解决直播中遗留的问题，回顾直播中的美好片段，在加深观众印象的同时还能进一步引流转化。常见的评论互动话术有：

宝宝们，如果你对今天的直播有任何感受或者想法，不妨在评论区与我分享吧！留下你的评论，我会挑选出最有趣、最有创意的几条，在直播结束后进行点评，并送出一份小礼品给你！你的评论不仅能让我更好地了解你的需求和意见，也能让其他观众看到不同的观点和互动。快来和我一起互动吧，期待你的评论！记得留下你的评论和联系方式，我会在直播结束后联系你领取礼品哦！

（4）福袋互动

福袋是直播间最受欢迎的互动工具之一，能够有效吸引观众并延长其停留时长，因此主播的引导话术非常重要。常见的福袋互动话术有：

宝宝们，现在是福袋时间！我手上正握着一些神秘的福袋，里面藏着无限可能的惊喜！想要获得这些福袋吗？跟我一起参与互动吧！

在评论区留下你最喜欢的数字，这个数字将成为你的幸运号码。我将会根据这些幸运号码，随机选择一些幸运儿送出福袋！福袋里可能包含折扣券、赠品，甚至是限量版商品！每个福袋都是独一无二的，每个号码都有机会成为幸运儿！

任务执行

1. 分组，并按预期工作要求进行分工。

2. 小组合作，选择 3 种互动方式并进行话术策划，完成表 3-4-1 的填写。

表 3-4-1　“零食狂欢节”直播互动方式选择及话术策划（示例）

序号	互动方式	话术策划
1	提问互动	“家人们，你们平时最爱吃的零食是什么呀？快在评论区告诉我，说不定今晚就有惊喜哦！” “看到好多小伙伴都提到了金汤小面这款商品，看来大家都是它的忠实粉丝呢！今晚这款零食肯定有特别优惠，敬请期待！”
2	点赞互动	“喜欢我们直播间的家人们，记得点下赞哦！你们的赞是我最大的动力！分享直播间给更多的朋友，让大家一起加入‘零食狂欢节’吧！” “哇，看到点赞数不断攀升，太感谢大家了！每增加一个赞，我们就离更大的福利更近一步！”
3	福袋互动	“家人们，为了感谢大家的支持，我们准备了一些神秘福袋！只要在直播间停留并参与互动，就有机会获得哦！快来试试你的运气吧！” “福袋环节马上就要开始了，大家做好准备了吗？记得关注直播间，不要错过任何一个福袋哦！”

3. 根据话述策划，组织实施直播时的观众互动环节，保证互动有序进行、气氛热烈、节奏带动效果好。

任务评价

任务完成后，请根据表 3-4-2，对任务完成情况进行总体评价。

表 3-4-2　小组任务完成情况评价表

任务编号		任务名称			
小组名称		小组成员			
评价项目		**评价标准**	**评价分值**	**得分**	**备注**
知识目标	观众互动	◇ 了解观众互动的概念 ◇ 了解观众互动的重要性 ◇ 熟悉常用的观众互动方式 ◇ 熟悉常用的观众互动话术	10		
技能目标	互动方式	能使用各种观众互动方式	20		
	互动话术	能撰写各种观众互动话术	40		
素养目标	客户关系意识	主动维护，调动气氛，互动边界清晰	10		

续表

<table>
<tr><th>评价项目</th><th colspan="2">评价标准</th><th>评价分值</th><th>得分</th><th>备注</th></tr>
<tr><td rowspan="3">素养目标</td><td>观众心理敏感度</td><td>实时观察观众反馈，合理预测观众心理变化</td><td>10</td><td></td><td></td></tr>
<tr><td>学习态度</td><td>积极、主动、探究</td><td>5</td><td></td><td></td></tr>
<tr><td>其他</td><td>其他相关素养，如语言表达、协作精神等</td><td>5</td><td></td><td></td></tr>
<tr><td colspan="3">综合得分 / 评价等级：</td><td colspan="3">评价人 / 日期：</td></tr>
<tr><td colspan="6">说明：评分范围为 A 到 D。A 对应“优秀”（≥85 分），B 对应“良好”（≥70 分，<85 分），C 对应“合格”（≥60 分，<70 分），D 对应“不合格”（<60 分）</td></tr>
</table>

学习任务 5　终场结束

学习目标

知识目标

1. 熟悉直播返场的流程及常见话术
2. 了解下场预告的类型、内容及常见话术
3. 了解感谢和告别的内容及常见话术

技能目标

1. 能撰写直播返场话术
2. 能撰写下场预告话术
3. 能撰写感谢和告别话术

任务下达

随着“零食狂欢节”直播活动的展开，终场时间即将到来。

本任务需要学生根据本场商品销售情况清单（见表 3-5-1），完成以下工作：

1. 选择直播返场商品，设计直播返场话术；
2. 设计下场预告和告别话术。

表 3-5-1　本场直播商品销售情况清单（部分）

排名	商品名称	本场销量（件）	库存数量（件）
1	余同乐拉丝素肉豆干	345	1 098
2	迷你小油条	276	892
3	手工日晒面、酸辣金汤面	203	507
4	熊孩子芒果干	181	12
5	黑麦吐司面包	179	0
6	其妙米果卷	152	604
7	陕北黄小米	87	403
8	武汉热干面	75	205
9	萧县面皮	32	302
10	麻辣小龙虾尾	14	1 002

直播过程中，主播一般会留出一段时间做直播的收尾工作，以便最后冲销量、提醒观众付款、预告下场直播等。时间虽然不一定很长，但必要的环节却不能少。

一、直播返场

直播返场是指在直播商品全部介绍、展示完成后，直播活动接近尾声时，主播再次展示主推款商品或观众呼声较高的商品，与观众进行互动、回答问题、继续展示商品或内容，或者进行其他额外的直播节目。商品返场的目的是与观众保持互动，延长直播的时间，提供额外的内容，增加观众的参与度，并有可能增加销售机会。

知识窗

“返场”的由来

“返场”这个词的由来可以追溯到古希腊。在古希腊戏剧中，观众的反应对演员或表演团队来说非常重要。如果观众对一场演出印象深刻，他们会用掌声和欢呼声表示赞赏。演员或表演团队可能会因此再次登台，以回应观众的喜爱和感激，或者进行额外的表演，这就是所谓的“返场”。

1. 直播返场的主要工作

（1）梳理本场直播商品销售情况

直播终场前，运营人员需要快速在后台拉取本场直播中的商品销售情况及对应库存。一般直播返场商品以热销商品为主，滞销商品不适宜在返场环节再次上架，因为滞销商品可能因选品、定价、话术等多方面的因素导致销售不佳，应当在直播后进行分析、改良，而不应浪费宝贵的直播时间进行强行售卖。

返场商品的数量可以根据本场直播热度情况灵活调整，一般建议选取本场直播销量前 3 名并且库存充足的商品开展返场。

（2）回顾本场热销商品

掌握本场商品销售情况后，就可以进行热销商品返场工作了。

在这个环节，运营人员需要根据返场商品清单，快速调取相关商品信息，并做好上架准备。主播在介绍返场商品时，要详略得当，切忌简单重复各单品销售话术，应当重点突出其特色和优势，让观众再次认识到这些商品的价值。

（3）再次促单

在介绍返场商品后，要及时上架购买链接，并提醒观众直播马上结束，如果心动，需要尽快下单。

为了增加观众的购买欲望，还可以在返场环节提供一些限时购买优惠或礼品赠送，这些优惠措施可以有效刺激观众的购买决策。

2. 直播返场的常用话术

直播返场的直播销售话术与常规直播话术差异明显。返场销售时间紧、任务重，是实现成交“最后的机会”，因此返场销售话术需要更加精炼、直接并且具备更有效的引导性，而不应简单地重复常规直播话术。下面介绍几种常用的直播返场销售话术。

（1）再次强调卖点

返场商品的直播销售需要突出商品的独特性和优势，强调商品为什么在常规直播中受欢迎。在话术方面，可以重点强调商品的特点、优势以及观众的利益点。

范例：相信大家一定还记得我们刚才销售的这款智能扫地机器人，这款商品已经卖爆了，大家都非常喜欢这款商品，因为它拥有很多亮点。

第一，这款智能扫地机器人采用了先进的激光导航技术，能够准确识别房间布局，迅速规划出最佳清扫路线。无论是家里的边边角角，还是各种复杂的家具摆放，它都能轻松应对，让你的家更加整洁。

第二，这款扫地机器人的吸力非常强大，可以轻松吸走各种灰尘、毛发、纸屑等垃圾，而且，它还具备拖地功能，可以一边扫地一边拖地，让你的家焕然一新。

第三，这款扫地机器人还具有自动回充功能，当电量不足时，它会自动回到充电座进行充电，让你无须担心它的电量问题。

第四，这款智能扫地机器人的外观设计也非常时尚，体积小巧，易于收纳，可以轻松融入你的家居环境。

我们现在再次为大家上架这款智能扫地机器人，赶快行动起来，把这款扫地机器人带回家，让你的生活更加便捷、舒适！

（2）强调限时优惠

返场商品的直播销售通常会有限时优惠，因此需要强调优惠的紧迫性，提醒观众抓紧时间购买。在话术方面，可以使用“限时抢购”“限时折扣”等词汇，以激发观众的购买欲望。

范例：亲爱的家人们！欢迎回归本次限时返场直播！返场商品优惠力度空前，机会仅此一回，错过即无。

我们精心挑选了此次返场的热门商品，其中包括今天最热销的几款商品。我要特别提醒大家，返场优惠活动限时进行，为了能让您享受到这场视觉盛宴，我们特意准备了多重惊喜优惠，旨在让每位朋友都能满意而归。

今天的返场优惠活动只有短短 15 分钟，您一定要抓紧时间，把握最后的下单机会，用最优惠的价格把喜欢的宝贝带回家，切莫错过。

（3）强调库存紧张

返场商品的直播销售通常会强调库存紧张，以制造一种紧迫感。在话术方面，可以使用“库存有限”“售完即止”等词汇，以提醒观众尽快下单。

范例：尊敬的直播间贵宾们，我想向大家致以诚挚的歉意，由于这次返场的爆款商品库存有限，我们已经竭尽全力和品牌方争取，但只争取到 500 单库存。请大家务必在商品上架时赶紧出手，售卖完这 500 单，我们就下播了，不会再安排补库存！

二、下场预告

下场预告就是下一场次直播带货的提前告知，是在直播带货结束后，提前宣传和预告下一场直播带货的相关信息。下场预告既是一场直播活动的结束，又是另一场直播活动的开始，其在直播终场阶段的重要性不言而喻。

1. 预告内容

为了有效利用宝贵的直播时间，主播要在有限的时间内尽可能精准地传达以下信息。

（1）下场预告的目标

直播带货结束时做下场直播预告的目的是营造持续的关注和期待，促进观众的参

与和购买意愿。

1）提前引发观众的兴趣。通过下场预告，让观众感受到直播的互动性和参与性，鼓励他们在下一场直播中积极参与互动，如提前征集观众的问题和需求，或者设置抽奖活动等，以吸引观众的兴趣和参与。

2）达成流量蓄水。下场预告的切片视频可以通过各种渠道宣传，如在抖音平台上发布预告视频或动态，通过微信、微博等社交媒体平台进行推广，或者与其他有影响力的主播、网红进行合作，扩大预告的曝光度，吸引更多观众的关注和参与。

3）提高购买转化率。下场预告中可以突出商品的特色和优势，介绍限时优惠、赠品或者特别活动，以刺激观众的购买欲望，同时提供购买链接或二维码，方便观众在下一场直播中直接购买，提高购买转化率。

4）加强品牌形象塑造。下场预告可以突出品牌的核心价值观、企业文化和社会责任等方面，通过讲述品牌故事、展示品牌形象，提升观众对品牌的认知和好感度，进而增加品牌的影响力和忠诚度。

5）建立观众沟通渠道。通过下场预告，可以鼓励观众关注主播的社交媒体账号或者加入品牌的会员群体，建立起长期的观众关系和沟通渠道，方便品牌与观众之间的交流和互动，进一步提高观众的忠诚度和购买意愿。

（2）下场预告的内容

下场预告的内容主要包括：

1）下场特色商品介绍。在下场预告中可以透露即将推出的新品，并简要介绍其特色和优势，这样可以引起观众的好奇心和购买欲望，让他们期待下一场直播的到来。

例如，销售农产品的主播，可以预告下一场直播将推出新品种的水果，介绍其口感、营养价值和种植过程等，让观众对其产生兴趣。

2）限时促销及优惠活动。为了吸引观众参与下一场直播，可以在下场预告中提前宣布限时促销和优惠活动。这可以让观众感到有特殊待遇，增加他们的购买意愿。

例如，主播可以宣布下一场直播将有限时折扣、赠品或满减活动，鼓励观众在直播中购买商品。

3）主题预告与亮点。在下场预告中可以透露下一场直播的主题和亮点，让观众对直播内容产生兴趣，并期待了解更多相关信息。

例如，农村文旅直播间的主播，可以预告下一场直播将带观众参观一处知名农村景点，并介绍其独特之处和特色活动。

4）嘉宾参与及互动环节。如果下一场直播将有特邀嘉宾参与，或者会有互动环节，可以在下场预告中提前透露这些信息。这样可以吸引更多观众参与，并增加直播的趣味性和互动性。

例如，主播可以宣布下一场直播将邀请知名农业专家现场解读农产品的特点和种植技巧，或者进行观众互动问答环节等。

5）直播时间及链接提醒。在下场预告中一定要提醒观众下一场直播的具体时间和观看链接。这样可以帮助观众合理安排时间，并方便他们在直播开始时及时进入直播间。

2. 预告话术

下场直播预告的话术类型有多种，可以根据不同的情况和目的选择适合的话术。以下是几种常见的话术类型及示例。

（1）新品发布型

通过对新品的描述引起观众的好奇心，注意要有悬念性地暗示即将呈现的内容。重点是要保持神秘感，不要透露太多细节，让观众保持期待。

范例：朋友们，感谢大家对我们本场直播的支持和关注！我很高兴在这里告诉大家，下一场直播我们将带来一款全新的商品！这是一款经过精心研发的商品，有着独特的配方和工艺。它不仅口感绝佳，还富含丰富的营养价值。下一场直播，我们将详细介绍这款商品的种植过程、品质保证以及如何搭配食材等。敬请期待！

（2）限时促销型

限时促销型预告话术需要强调活动的时效性，通过透露优惠力度或限量款式等，激发观众的购买欲望。注意要确保在话术中清楚地告知观众活动的具体时间、优惠内容和购买方式等重要信息。

范例：亲爱的家人们，明天晚上8点，我们将为您带来一场限时促销的疯狂盛宴！这次活动将持续3小时，您将有机会以超低折扣价格购买到热销款式的商品。每个款式的数量有限，先到先得！无论您是想为家人、朋友购买礼物，还是为自己提前备货，这都是您不能错过的机会！明天晚上8点，记得准时来到我们的直播间购买！

（3）主题预告型

主题预告型话术需确保预告清晰地传达出直播的主题，让观众能够一目了然地知道接下来的内容是什么。

范例：明天晚上8点，我将为大家带来一场关于农产品的盛宴！我们将一起探讨优质农产品的故事，解析农产品背后的精彩知识。你将看到来自全国各地的独特农产品，品尝到那些纯天然、绿色健康的美味。此外，我还会邀请一些农产品专家和品牌合作方参与直播，与大家分享他们的经验和见解。这将是一个互动的直播，你可以随时提问、评论，与我和其他观众一起参与讨论。别忘了设置提醒，准时参与直播哦！

还可以 @ 你的好友一起观看，一起探索农产品的奇妙世界！我们不见不散！

（4）嘉宾预告型

嘉宾预告型话术主要介绍嘉宾的背景、成就或独特经历，让观众对嘉宾的参与产生期待。还可以鼓励观众提前留下问题或分享自己的看法，激发观众参与下场直播的兴趣。

范例：大家好！明天我们有幸邀请到一位资深护肤品专家，他将给我们带来一场关于护肤品知识的精彩分享。

这位嘉宾是护肤品领域的专家，具备多年的从业经验。他对各类护肤品的成分、功效以及使用技巧了如指掌。

在明天的直播中，他将与我们分享他的专业知识和经验。他将教大家如何正确选择适合自己肤质的护肤品以及如何正确使用护肤品。

欢迎大家在直播间提出你们的护肤问题，或者分享你们的护肤经验，这位嘉宾会在直播中给予解答和回复。敬请期待明天的直播，一起探讨护肤品选购的秘诀和使用技巧！

（5）直播观看提醒型

直播观看提醒型话术一般出现在下场预告的结尾，提醒观众下场准时参与直播，以免造成关注度和流量的流失。

范例：亲爱的宝宝们！明天晚上 7 点，我将为大家带来一场关于护肤品的直播，一起揭秘如何拥有年轻水润的肌肤！在直播中，我会为大家详细介绍商品的功效和使用方法，并分享一些护肤小妙招。还有，宝宝们可别忘了，我还会有一些超值的优惠活动哦！想要了解更多护肤品的秘密，记得点击右上角关注我们直播间并加入“粉丝”团，明天晚上 7 点不见不散哦！记得提前设置提醒，别错过了！

三、感谢和告别

在感谢和告别环节中，主播通常会感谢观众的支持和购买，表达对他们的感激之情。此外，主播还可以提醒观众关注自己的直播间并加入“粉丝”团，以便他们能够及时了解最新的直播和促销活动。这个环节的目的是增强观众的归属感和忠诚度，促使他们成为主播的长期支持者。

1. 感谢话术

（1）对观众的感谢

感谢观众的支持和参与，表达对他们的感激之情。注意要真诚、热情，并且尽量个性化，让观众感受到被重视和关心。

范例：非常感谢大家今天的观看和支持！没有你们的陪伴，我们的直播也不会这

么精彩。感谢每一位购买了商品的观众，你们的支持是对我们最大的鼓励。希望你们喜欢这次直播，我们会继续努力给大家带来更好的内容！

（2）对品牌方的感谢

感谢合作的品牌方，表达对他们的信任之情。注意要提及品牌方的商品优势和特点，并且展示合作的成果和效果。

范例：特别感谢 ××× 品牌的支持和合作！××× 品牌的商品品质卓越、价格实惠，正是我们直播带货不可或缺的一部分。感谢 ××× 品牌对我们的信任和支持，让我们能够为观众带来更多好物！

（3）对团队的感谢

感谢直播团队成员，表达对他们的认可和感激之情。注意要提及每个人的贡献，并且给予肯定和鼓励。

范例：感谢我的团队成员们，你们的辛勤付出才让这次直播如此成功。感谢技术团队的支持，让我们的直播画质更清晰、流畅；感谢摄像师和导播的精彩拍摄和调度，让观众能够更好地欣赏直播内容。没有你们的配合和努力，我们不会取得今天的成绩！

总之，无论是对观众、品牌方还是直播团队的感谢，都要真诚、热情，并且展示出对感谢对象的重视和认可。感谢话术不仅仅是表达感激之情，更是建立和巩固与观众、品牌方和团队成员之间良好关系的重要一环。

2. 告别话术

告别话术有很多种形式，主播可以根据自己的风格和现场气氛自行选择设计。

（1）送福式告别

以送福的形式祝福观众，结合商品特点和节日氛围，让观众感受到主播的诚意和祝福。注意简洁明了地表达祝福即可下播，不要过多拖延时间。

范例：亲爱的朋友们，感谢你们的陪伴和支持。在元旦这个特殊的日子里，我带来了一份特别的祝福给大家。愿你们在新的一年里幸福快乐，事事顺心，身体健康，家庭和睦。再次感谢大家的支持，我们下次直播再见！

（2）预告式告别

可以利用告别环节，再次对下场直播做简单的预告。需要注意的是，如已经进行了独立的预告环节，在这里就尽量不要重复预告内容，提一下直播关键信息即可下播。

范例：亲爱的朋友们，今天的直播即将结束，但是明天晚上 7 点的直播将更加精彩！下一场我们将为大家带来更多的新品、更大的优惠和更有趣的互动环节，敬请期待！记得关注我们的直播间，我们下次直播再见！

（3）意犹未尽式告别

以朋友的视角表达自己还有更多想要分享的内容，引发观众的不舍与期待。

范例：亲爱的朋友们，今天的直播时间过得真快，我还有很多想要和大家分享的内容。但是时间有限，我们下次直播将会为大家带来更多有趣的话题和商品。希望大家能够继续关注我们，我们下次直播再见！

新视界

一次成功的直播

梅梅是一位美妆博主，因其专业的化妆技巧和亲和力获得了大量“粉丝”。她计划在一个周末晚上进行一场主题为“夏日美妆大赏”的带货直播。

在直播开始前的预热阶段，梅梅通过抖音平台发起了“夏妆挑战”活动，鼓励“粉丝”晒出他们的夏日美妆照片。她承诺在直播中会点评精选作品，并给予幸运“粉丝”限量福袋。

直播一开场，梅梅就用轻松幽默的风格介绍了各款美妆单品，同时积极回应评论中的提问，展现出她的专业度。她还巧妙地将商品特点和自己的使用体验结合起来，让内容更加生动。

直播间里，梅梅不时发放红包雨和优惠券，增加了观众的参与热情。同时，她安排了几轮抢购时段，在这些时段内购买特定商品的观众可以获得额外优惠，这一策略成功地提升了销售转化率。

在互动环节，梅梅展示了观众提交的美妆照片，并给出专业点评。她还设立了一系列小游戏，如“美妆知识抢答”“最佳搭配投票”等，获胜者可以获得由品牌赞助的礼品或额外优惠。

直播的高潮部分是“一起变美”环节，梅梅现场示范最火的夏日妆容，并引导观众一起实操。她鼓励观众在评论区分享即时成果，并为互动最积极的几位观众送上神秘礼盒。

在直播的尾声，梅梅宣布了“尾场大促”，提供了几款热销商品的限时折扣。她还透露了下场直播的主题和时间，鼓励观众持续关注。

这场直播持续了3小时，观看人数和参与度创下了梅梅个人直播记录的新高。

任务执行

1. 分组，并按预期工作要求进行分工。

2. 设计直播返场话术，填写表 3–5–2。

表 3–5–2　直播返场话术（示例）

话术类型	对应话术
再次强调卖点	“余同乐拉丝素肉豆干，这不仅仅是一款豆干，它是健康与美味的完美结合。不仅口感鲜美、质地柔软，而且有拉丝的效果，简直就像真正的肉一样！”
强调限时优惠	“今晚的超值优惠是独一无二、前所未有的，错过直播，你将失去这次以 7 折的超低价格获取它的机会。我们的特惠只剩最后几分钟，机不可失，时不再来！”
强调库存紧张	“中控的同事刚刚告诉我，我们的余同乐拉丝素肉豆干库存只剩 15 单了。拍完就不再补库存了。现在就是行动的时刻。等直播结束，可能就再也买不到了！”

3. 根据表 3–5–3 中的下场直播信息，设计下场预告话术及感谢和告别话术，填写表 3–5–4、表 3–5–5，并在直播中执行。

表 3–5–3　下场直播活动基本信息表

项目	描述
特色商品	雪媚娘蛋黄酥： ● 采用自家农场的新鲜鸭蛋黄和顶级进口奶油，搭配秘制酥皮，每一口都散发浓郁的奶香和滑顺的酥软感 ● 每盒含有 12 个独立小包装，方便食用和分享 ● 坚持手工制作，确保每一个蛋黄酥都有完美的口感
限时促销政策	● 直播期间购买雪媚娘蛋黄酥享受 8 折优惠 ● 前 50 名购买者将获得额外的小礼品一份
直播主题	“甜蜜惊喜夜”
直播亮点	● 现场展示雪媚娘蛋黄酥的制作过程 ● 与知名甜品师互动，分享甜品制作的小秘诀 ● 观众互动环节，包括问答抽奖，赢取特别礼物
直播时间	2024 年 6 月 18 日，晚上 8 点至 10 点
直播渠道	通过抖音平台搜索“甜蜜惊喜夜”直播间或扫描直播间二维码即可进入观看

表 3-5-4　下场预告话术（示例）

1. 下场特色商品介绍 下场直播中，我们将会给大家带来一款明星商品，就是令人垂涎欲滴的雪媚娘蛋黄酥。想象一下，每一口都能感受到浓郁的奶香，酥软细腻的口感，还有满满的幸福感。我们的蛋黄酥不仅采用了顶级的原材料，而且每一步都是手工精心制作，保证你吃到每一口都有纯正的享受，而且哦，每盒装有 12 个小包装，既适合个人品尝，也适合分享给家人和朋友。 2. 限时促销及优惠活动 届时会给大家准备特别的优惠！购买雪媚娘蛋黄酥可以享受 8 折的超值特惠，而且前 50 名购买的幸运观众还将额外获得一份小礼品！机会非常难得！ 3. 主题预告与亮点 咱们下场直播的主题是“甜蜜惊喜夜”，我们会有现场制作展示环节以及与甜品师互动分享环节，让你一边享受美食，一边学习制作的小技巧。当然，还有问答抽奖环节，让大家有机会收获更多惊喜！ 4. 直播时间及链接提醒 记得锁定我们的直播间，2 月 15 日晚上 8 点至 10 点。只需在抖音平台搜索“甜蜜惊喜夜”或扫描我们的直播间二维码，就能轻松观看直播。

表 3-5-5　感谢和告别话术（示例）

1. 感谢话术 （1）对观众的感谢：亲爱的观众，今天的直播就要告一段落了。非常感谢大家在百忙之中抽出时间来陪伴我们度过这段美好的时光。你们的热情和支持是我们不断前行最大的动力。 （2）对品牌方的感谢：同时，也要感谢我们的品牌方，是你们的信任和支持，让我们有机会为大家带来更多优质的商品和服务。我们深知自己的责任重大，会不断努力，为大家带来更好的体验和服务。 （3）对直播团队的感谢：最后，要感谢我们的团队成员，是你们的辛勤付出和努力，才让直播得以顺利进行。每个人的付出都不可或缺，我们是一个团结协作的大家庭。我们会继续努力，为大家带来更好的直播体验。 2. 告别话术 亲爱的观众朋友们，今天的直播即将结束，但是明天晚上 7 点的直播将更加精彩！记得关注我们的直播间，我们下次直播再见！

任务完成后，请根据表 3-5-6，对任务完成情况进行总体评价。

表 3-5-6　小组任务完成情况评价表

任务编号		任务名称			
小组名称		小组成员			
评价项目	**评价标准**		**评价分值**	**得分**	**备注**
知识目标	直播返场	熟悉直播返场的流程及常见话术	10		
	下场预告	了解下场预告的类型、内容及常用见话术	10		
	感谢和告别	了解感谢和告别的内容及常见话术	10		
技能目标	商品返场话术	能撰写直播返场话术	20		
	下场预告话术	能撰写下场预告话术	15		
	感谢和告别话术	能撰写感谢和告别话术	15		
素养目标	团队意识	小组合作，分工明确，服从安排	5		
	时间管理	时间分配合理，遵守计划安排，按时完成	5		
	学习态度	积极、主动、探究	5		
	其他	其他相关素养，如全局观、信息收集、数据分析等	5		
综合得分 / 评价等级：			评价人 / 日期：		
说明：评分范围为 A 到 D。A 对应“优秀”（≥85 分），B 对应“良好”（≥70 分，<85 分），C 对应“合格”（≥60 分，70 分），D 对应“不合格”（<60 分）					

课后小测

1. 商品销售的“五步法”是什么？
2. 直播返场的主要目的是什么？
3. 下场预告的主要类型有哪些？
4. 如何让感谢和告别话术更加打动人？

项目四
直播复盘与售后

项目概述

直播结束后还需要进行直播整体的复盘，对直播过程中的数据进行分析、评估、总结和优化。通过复盘，可以了解直播的效果、观众反馈、互动情况等，发现直播中存在的问题，从而为后续直播提供改进方向。

通过本项目的学习，学生可以进行“人、货、场”的复盘，同时进行有效的订单管理和客诉处理，为直播带货做好收尾工作，提升后续的直播效果和效率。

学习任务1　数据复盘

学习目标

- **知识目标**

1. 了解直播数据类型及常用采集工具
2. 熟悉数据读取、优化及对比方法

- **技能目标**

1. 能进行直播数据采集

2. 能进行直播数据分析

任务下达

进行了两场“零食狂欢节”专场直播后，团队需要对直播数据进行复盘。

本任务需要学生完成以下工作：

1. 采集直播间第一场、第二场的直播数据；
2. 进行直播数据的对比和分析。

相关知识

直播数据复盘是指在直播结束后，对直播过程中的数据进行分析、评估、总结和优化的过程。总体来说，直播数据复盘工作大致分为以下两个步骤：

一是直播数据收集，即通过直播平台后台或第三方数据收集工具，对直播各个维度的数据进行收集、整理。

二是直播数据分析，即通过直播数据的对比分析，挖掘自身优势，回顾直播亮点，发现直播问题，以便在后续的直播中改进。

一、直播数据收集

1. 数据类型

直播数据是直播执行的客观结果，好的直播间一定是“叫好又叫座”，即人气和销售俱佳，所以直播数据分为两大类型：一类为热度数据，反映直播间人群观看、点赞评论和增粉情况，是直播间吸引力的表现；另一类为销售数据，反映直播间商品点击购买和成交转化情况，是直播间销售力的表现。

2. 数据收集渠道

通常获取直播数据有两个主要渠道，一个是通过直播平台后台获取，另一个是通过第三方数据工具获取。部分规模较大、财力较强的商家，还会自己搭建数据系统。下面介绍这两种主要渠道的数据获取方法。

巨量云图与抖音电商罗盘的区别

巨量云图和抖音电商罗盘都是抖音平台提供的数据分析工具，但它们服务的领域和功能有所不同。

巨量云图是抖音平台提供的一个综合数据分析工具，主要针对抖音平台的内容创作者和品牌。它的主要功能包括内容分析、观众洞察、趋势发现、竞争分析等。

抖音电商罗盘是专门针对电商领域的数据分析工具，主要服务于使用抖音平台进行电商活动的商家和品牌，其功能包括销售数据分析、商品分析、顾客分析、营销效果评估等。

总的来说，巨量云图更侧重于内容创作和观众洞察，适合所有抖音用户，特别是内容创作者和品牌；抖音电商罗盘则专注于电商数据，为利用抖音进行电子商务活动的商家提供专业的数据支持和洞察。

（1）通过直播平台后台获取数据

这是一种比较简单、直接的方式。例如，在抖音平台直播，可以通过抖音 App 后台直接获取直播数据，具体操作步骤如下：

第一步，打开抖音 App，进入首页。点击右下角的“我”进入个人主页，如图 4-1-1 所示。

第二步，点击右上角的“设置”图标，进入功能菜单。在功能菜单中，找到并点击“抖音创作者中心”选项，如图 4-1-2 所示。

第三步，在“抖音创作者中心”中，进入“主播中心”界面（见图 4-1-3），点击“单场数据”选项，即可查看直播的数据（见图 4-1-4），包括直播的观看人数、点赞数、评论数、分享数、直播时长、礼物收入等统计信息。同时，在此界面中还可以设置直播的分享链接，以便将直播分享给更多的观众。

需要注意的是，抖音 App 的直播数据查看入口可能会随着版本的更新而发生变化，因此在使用过程中，请根据版本更新情况灵活处理。

（2）通过第三方数据工具获取数据

除了直播平台，主播和商家还可以通过第三方数据工具获取直播数据。目前提供直播数据分析服务的第三方平台有很多，如蝉妈妈、灰豚、新抖、飞瓜等。以蝉妈妈

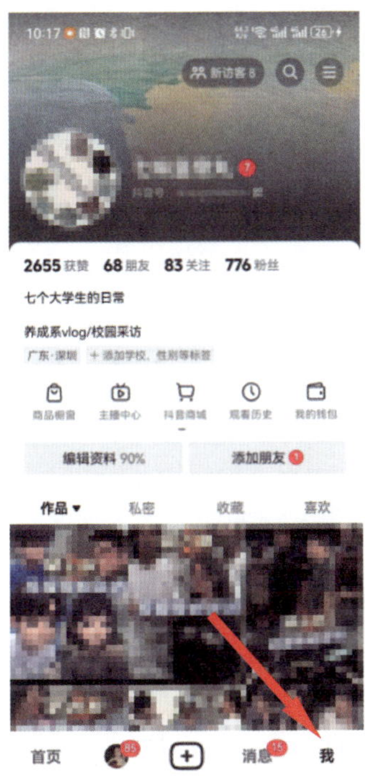

图 4-1-1　抖音 App 个人主页

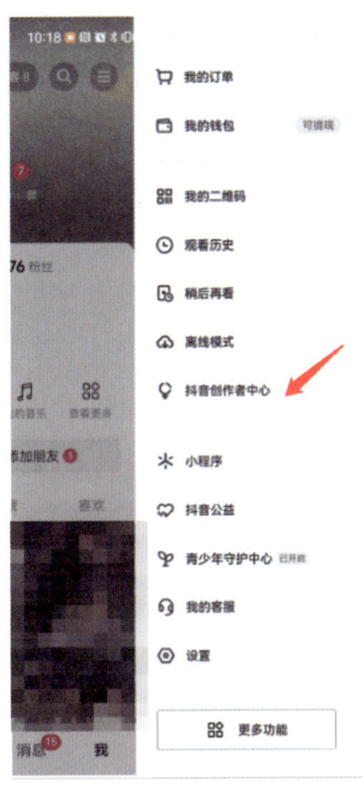

图 4-1-2　“抖音创作者中心”选项

图 4-1-3　“主播中心”界面

图 4-1-4　“单场数据”界面

为例，获取直播数据的步骤如下：

第一步，访问蝉妈妈官网并登录账号。登录后的界面如图 4–1–5 所示。

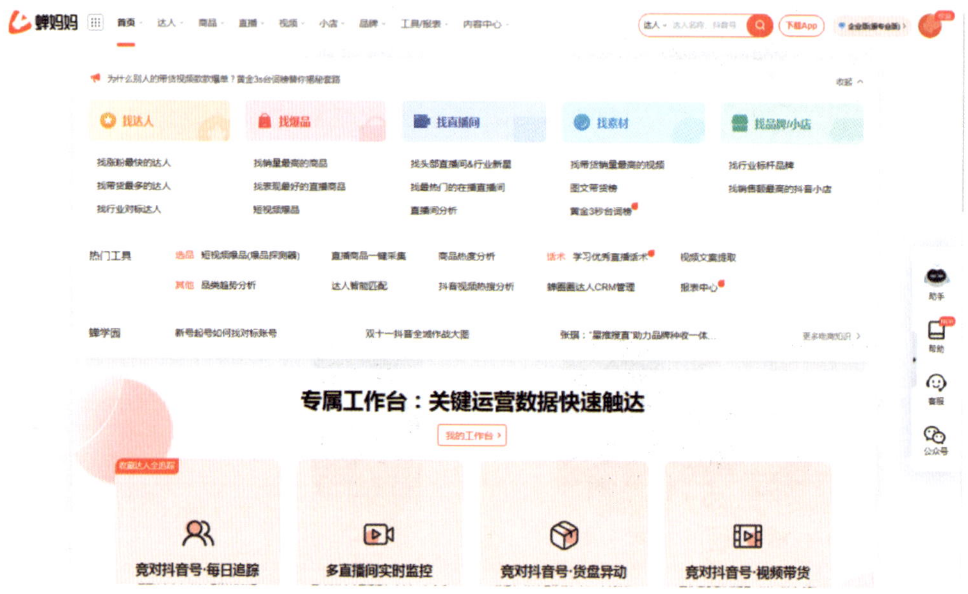

图 4–1–5　蝉妈妈登录后界面

第二步，点击搜索框，输入想要查询的抖音账号，点击“搜索”，搜索结果界面如图 4–1–6 所示。

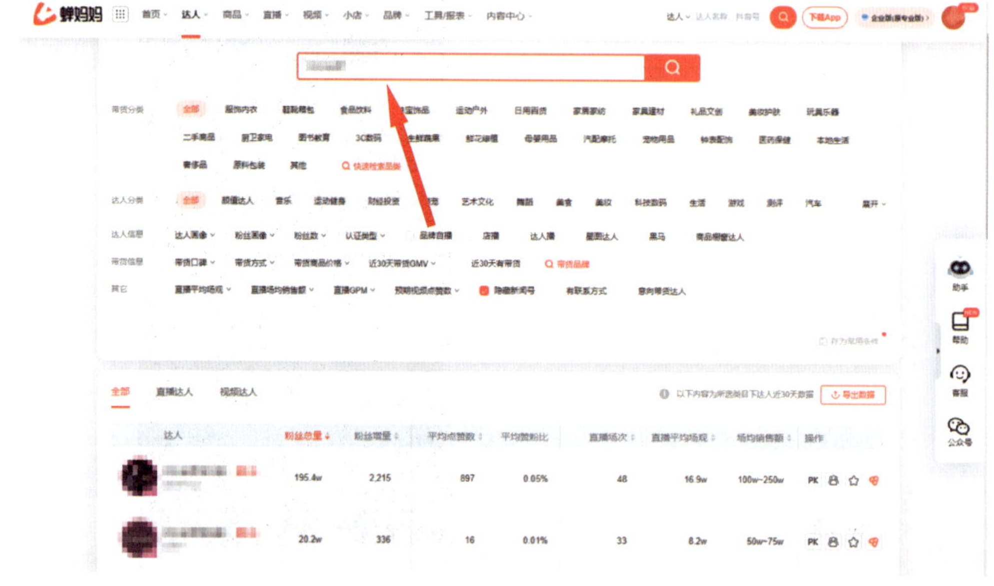

图 4–1–6　搜索结果界面

第三步，在搜索结果界面中，依次点击想要查询的账号及直播场次，即可进入直播详情界面，如图 4–1–7 所示。

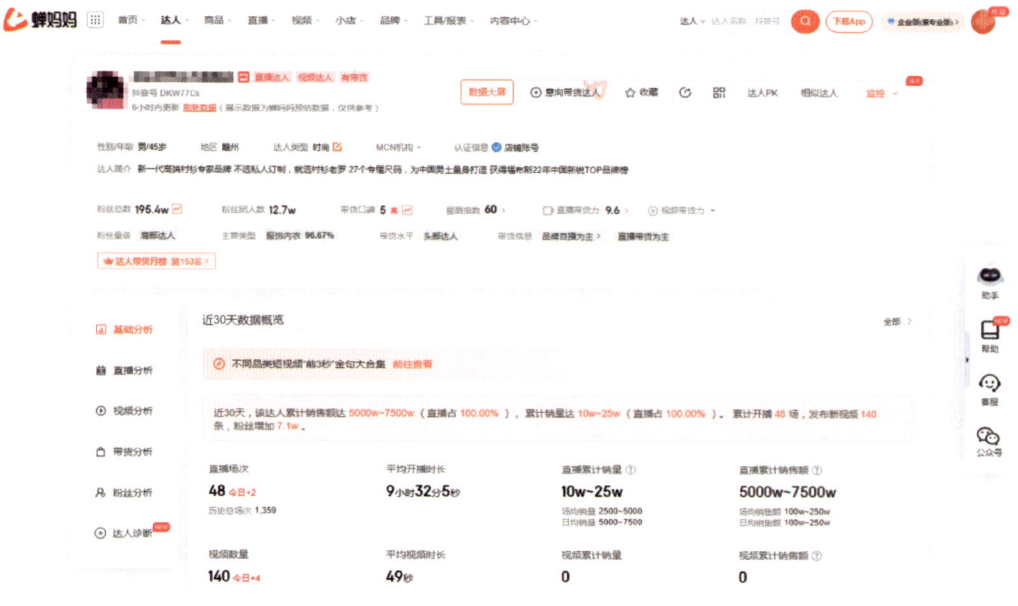

图 4–1–7　直播详情界面

在直播详情界面中，可以查看该直播间的各项数据，包括但不限于：直播间观众画像、观众行为分析、观众互动数据、直播间热销商品数据等。在查看完直播数据后，还可以选择将数据导出为 Excel 或 PDF 文件，以便于进一步分析和使用。

二、直播数据分析

成功收集到准确、恰当的数据，仅仅完成了复盘工作的一半，还要对数据进行全面系统的分析，以便针对性地优化后续的直播工作。

1. 直播数据读取

进行直播数据分析，首先要对收集回来的数据进行读取，理解主要数据的含义。直播数据主要分为热度数据和销售数据，下面分别阐述。

（1）热度数据

直播间人气的高低是评价直播间好坏的重要指标，而直播间的热度数据是直播间人气的直接反映。热度数据常见数据指标包括直播间曝光人数、观看人数、直播间观看－互动率、人均观看时长和“粉丝”增加量等。

1）直播间曝光人数。

①数据定义：直播间曝光人数是指直播期间直播间被多少人看到，该曝光人数既

包括点击进入直播间的人数，也包括通过直播、短视频或是信息流投放看到直播间但是没有进入直播间的人数。

②数据意义：直播间曝光人数对于直播间的人气提升具有重要的作用，因为更多的曝光意味着更多的潜在观众。

③优化方法：提升内容与人群标签的匹配性；关注视听体验，包括场景美观度、主播形象及人声清晰度等。

④数据获取方法（以抖音为例）：

第一步，使用计算机浏览器访问抖音电商罗盘，如图 4–1–8 所示。

第二步，根据账号属性，在“商家入口”“达人入口”“品牌入口”和“机构入口”四个选项中，选择对应的登录方式并扫码登录。

图 4–1–8　访问抖音电商罗盘

第三步，点击顶部导航栏中的“直播”按钮，在“直播明细”中找到对应直播场次，点击右侧“数据详情”，如图 4–1–9 所示。

第四步，在数据详情界面的“核心数据”功能栏中，即可查阅到“直播间曝光人数”数据。

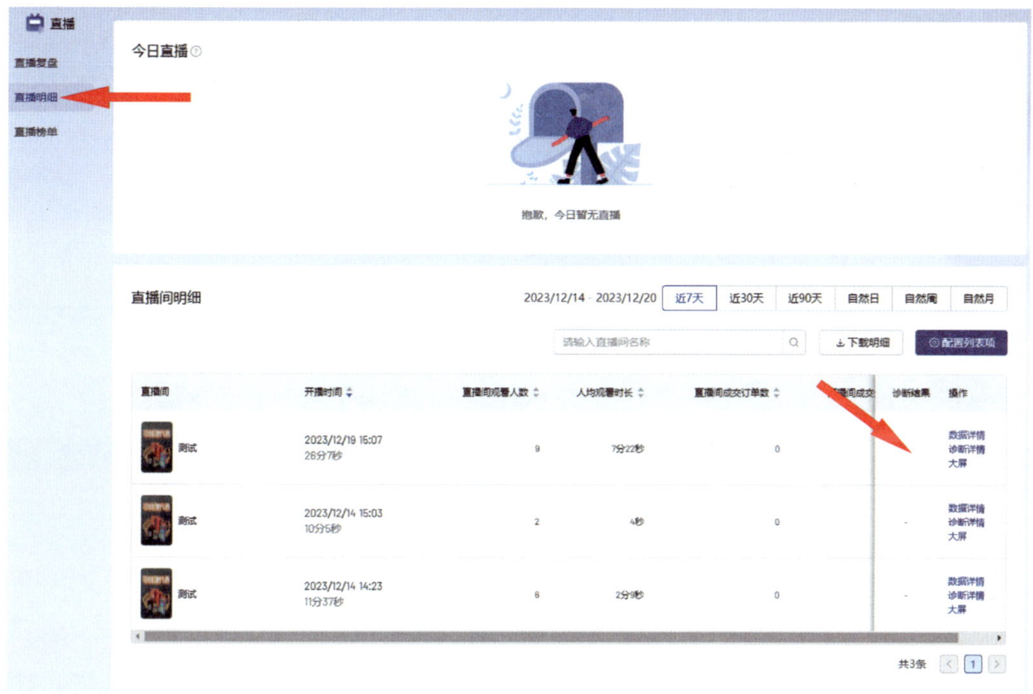

图 4-1-9 “数据详情”入口

2）直播间观看人数。

①数据定义：直播间观看人数是指直播过程中实际观看直播的观众数量。在直播期间，单个观众多次进出直播间，不重复计算。即如果同一个观众在直播时进出直播间 3 次，那么该观众对观看人数统计的贡献就是 1。

②数据意义：观看人数是衡量直播间流量的关键指标。对于一场直播而言，直播观看人数越多越好。

③优化方法：突出商品细节展示，提升优惠力度及观众权益，商品讲解生动丰富（商品细节、设计、材质等）。

④数据获取方法（以抖音为例）：在“数据详情”界面可同时查阅到直播间观看人数。不同平台对此数据的描述可能存在差异，以抖音平台为例，“进入直播间人数”即“直播间观看人数”，如图 4-1-10 所示。

3）直播间观看 - 互动率。

①数据定义：直播间观看 - 互动率是指观众在观看直播过程中与主播进行互动的比例。它的计算公式为：直播间互动人数 / 直播间观看人数 = 直播间观看 - 互动率。直播间互动人数指的是在直播过程中观众与主播之间进行互动的人数。这些互动可以包括观众在直播间发表评论、点赞、送礼物、发起提问、参与抽奖等行为。

图 4-1-10 “直播间曝光人数”数据位置及“进入直播间人数”数据位置

②数据意义：直播间观看 – 互动率是衡量直播互动效果和观众参与度的重要指标，它反映了直播内容的吸引力和观众对主播的关注程度。直播间观看 – 互动率高通常意味着观众对直播内容的兴趣度高，他们愿意积极参与并与主播进行互动；直播间观看 – 互动率低则可能意味着直播内容对观众的吸引力不够，或者直播过程中缺乏有效的互动机制。

③优化方法：增进了解观众的需求和兴趣，优化直播话术及节奏，使用“整点抽奖”“限时秒杀”“福袋”等互动玩法来增加直播间的趣味性。

④数据获取方法（以抖音为例）：在“数据详情”界面可直接查阅到直播间观看 – 互动率。选择“互动”功能栏，还可以在下方查阅到进一步细分的各项互动数据，如图 4–1–11 所示。

4）人均观看时长。

①数据定义：直播间人均观看时长是指观众在一个直播间内平均停留的时间长度。它是一个衡量观众对直播间内容吸引力的指标，反映了观众对直播内容的兴趣程度。

②数据意义：较长的人均观看时长通常表示观众对直播内容很感兴趣，并且愿意花更多的时间留在直播间观看。相反，较短的人均观看时长可能意味着观众对直播内

容不感兴趣，或者直播间没有提供令观众满意的内容和体验。一般而言，如果观众在直播间内停留的时间超过 30 秒，可以认为是一个相对较好的指标。需要注意的是，人均观看时长并不是唯一的评判指标，它需要与其他指标一起综合考虑。

③优化方法：强化福袋、红包等福利领取机制，提升直播间的布景及陈列美观度，提高福利款商品的上架、开价频率。

④数据获取方法（以抖音为例）：在“数据详情”界面选择“互动”功能栏，可在下方查阅到“人均观看时长”数据，如图 4–1–11 所示。

5）“粉丝”增加量。

①数据定义：“粉丝”增加量是指本场直播从开播到下播期间，直播账号的“粉丝”增长数。

②数据意义：“粉丝”数量的增加意味着更多的人关注和支持主播，这会提高主播在直播平台上的影响力和知名度。当主播拥有大量“粉丝”时，他们的直播内容和推荐商品的影响力也会相应增加。品牌商家通常更愿意选择拥有大量“粉丝”的主播进行合作，因为他们可以更好地推广商品并吸引更多的购买者。“粉丝”数量的增加也有助于主播建立忠诚的“粉丝”群体，他们会积极参与直播，并通过口碑和社交媒体传播主播的影响力，进一步拓展“粉丝”群体。

③优化方法：增加主播引导关注的频次；强化新粉福利机制，如发放新人优惠券等；提升直播期间引流短视频发布的频次和质量。

④数据获取方法（以抖音为例）：在“数据详情”界面选择“互动”功能栏，可在下方查阅到“新增粉丝数”数据，如图 4–1–11 所示。

图 4–1–11　“直播间观看 – 互动率”数据位置、“人均观看时长”及“新增粉丝数”数据位置数据位置

（2）销售数据

在直播间的销售数据复盘中，可以考虑以下几个维度：销售额、直播间观看－成交转化率、千次观看成交金额、首购率、重复购买率、商品点击－成交转化率等。

1）销售额。在直播间复盘中，销售额是指在一定时间范围内直播间内所有商品的总销售金额。销售额的高低可以反映直播间的销售潜力和吸引力。较高的销售额意味着直播间吸引了更多的观众购买商品，实现了较好的销售业绩；而较低的销售额可能需要对直播间的销售策略、商品选择、商品价格等进行调整和优化。

可在“数据详情”界面下方的“综合趋势分析”模块中（见图 4－1－12）选择对应指标，查看分时段的成交金额曲线图，了解直播间的销售趋势和销售高峰期。通过比较不同时间段的销售额，可以找出观众购买商品的偏好时间，以便在这些时间段做更有针对性的推广和促销活动。

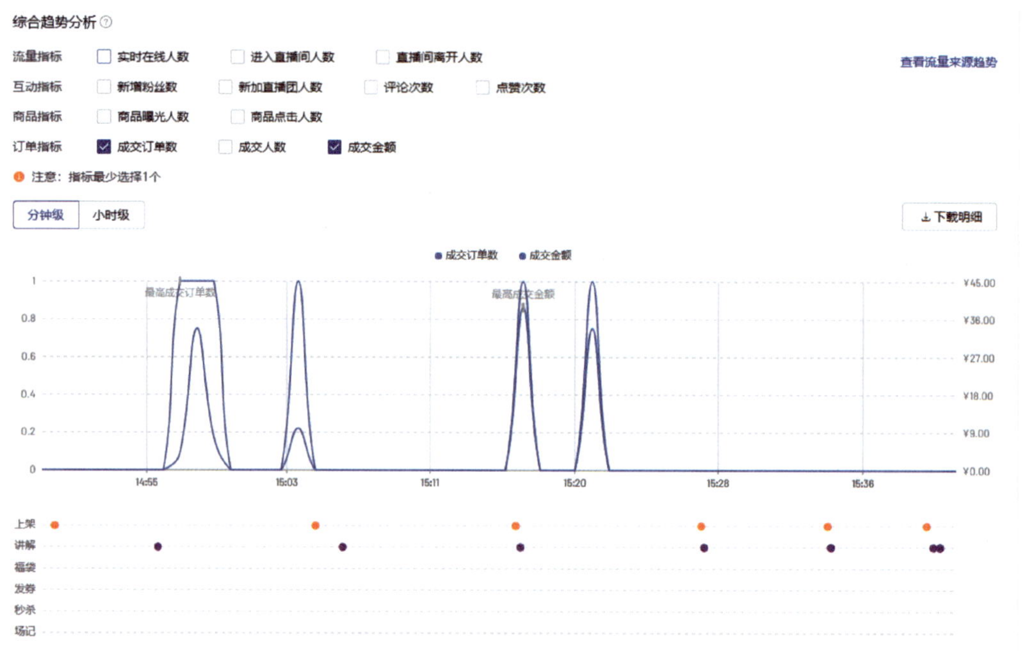

图 4－1－12　综合趋势分析图

2）直播间观看－成交转化率。直播间观看－成交转化率是指在观看直播的观众中，实际完成购买的观众所占比例。例如，100 个观众观看了直播，其中有 3 个观众进行了下单购买，则直播间观看－成交转化率为 3%。

直播间观看－成交转化率反映了观众对商品的购买兴趣和实际购买行为之间的转化情况。较高的直播间观看－成交转化率通常意味着直播间的销售策略和商品推广效果较好，而较低的直播间观看－成交转化率则可能需要进一步优化销售环节，提高观众的购买决策和行为。

在“数据详情”界面选择“流量 / 转化”功能栏，可在下方查阅到“直播间观看 – 成交转化率”数据，如图 4–1–13 所示。

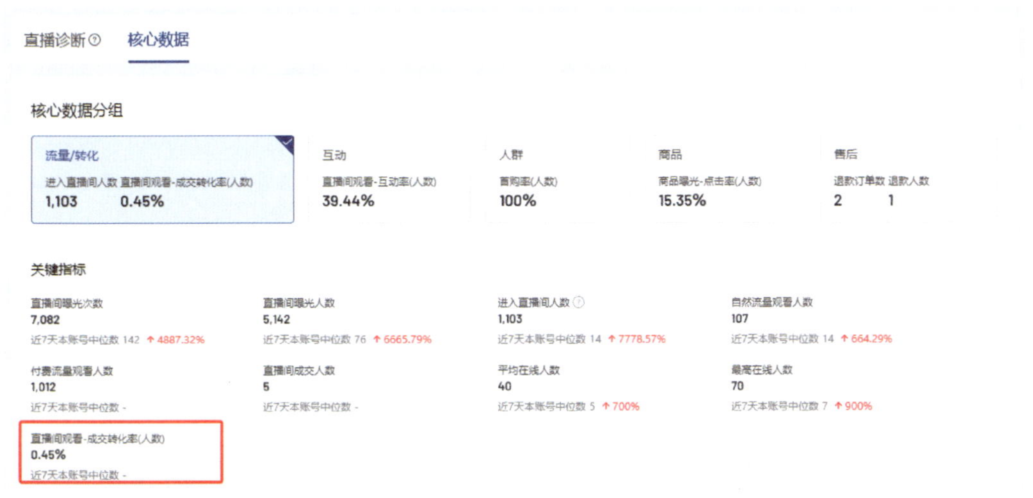

图 4–1–13　“直播间观看 – 成交转化率”数据位置

3）千次观看成交金额。千次观看成交金额又称 GPM，GPM= 总销售额 ×1 000/ 每场观看量，是指每 1 000 次观看带来的成交量。这个指标常常用来衡量直播间的卖货能力。

GPM 越高，直播间的流量转化能力越强。如果直播间销售的商品质量好、价格合理、受欢迎程度高，那么观众更有可能购买，从而提升千次观看成交金额指标。主播的销售能力和引导能力对千次观看成交金额也有着重要影响。如果主播能够有效地引导观众购买，提高销售转化率，那么千次观看成交金额指标也会相应提高。

在“数据详情”界面上方的数据概览中可直接查阅到“千次观看成交金额”数据，如图 4–1–14 所示。

图 4–1–14　“千次观看成交金额”数据位置

4）首购率。首购率是指在直播间销售过程中，成功完成首次购买的观众所占的比例。举例来说，假设在一场直播中，共有 100 个观众参与观看和购买商品。其中，有 30 个观众是第一次在该直播间购买商品，而其他 70 个观众已经在该直播间购买过商品，那么该场直播的首购率即 30%。

通过监测首购率，可以评估直播间的吸引力和新客户转化率。较高的首购率意味着直播间能够吸引更多新的购买者，扩大观众基础，并有机会将这些新客户转化为忠实的重复购买者。

在“数据详情”界面选择“人群”功能栏，可以查阅到“首购率”数据，如图 4–1–15 所示。

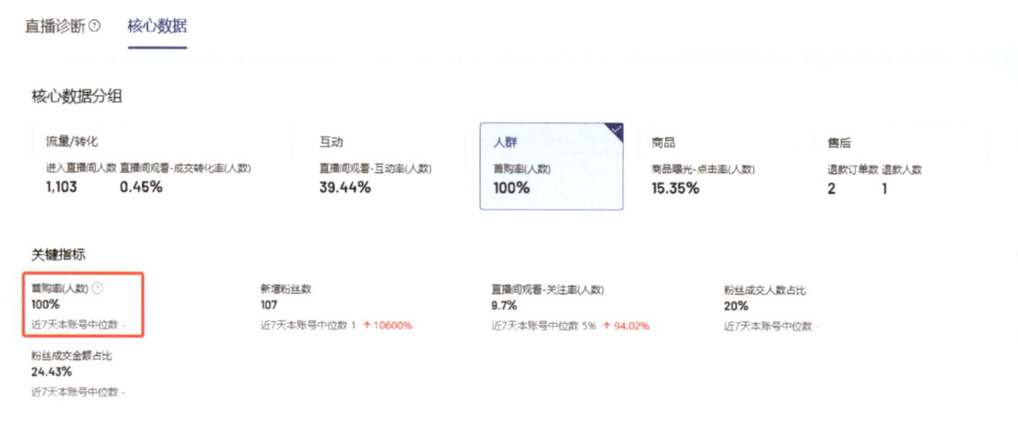

图 4–1–15 “首购率”数据位置

5）重复购买率。重复购买率是指在直播间已经购买过商品的观众中，再次购买的观众所占比例。举例来说，假设在一个直播间中，共有 100 个观众成功购买了商品。其中，有 40 个观众是第一次购买，另外 60 个观众是之前已经购买过商品的老客户。在接下来的一段时间内，这 60 个观众中有 30 个观众再次购买了商品。那么在这个例子中，重复购买率就是 30 个再次购买的观众数量除以 60 个老客户的数量，即 50%。

通过监测重复购买率，可以了解观众的忠诚度和购买习惯。较高的重复购买率意味着观众对商品和直播间的满意度较高，并愿意再次购买。在直播间复盘中，可以通过分析重复购买率来评估不同商品的受欢迎程度和观众的购买决策过程，从而优化商品推荐和促销策略，提高观众的忠诚度和重复购买率。

在抖音平台中没有直接给出重复购买率数据，但可以通过反向推算得出，即重复购买率 =1– 首购率。

6）商品点击 – 成交转化率。商品点击 – 成交转化率是指观众点击商品并最终购买该商品的转化率。这个转化率是衡量直播间运营效果的重要指标之一，因为它直接反映了直播间的观众体验、商品吸引力以及营销策略的有效性。

如果商品点击 – 成交转化率较高，说明该商品受到观众的欢迎，观众体验较好，营销策略也较为有效。为了提高商品点击 – 成交转化率，可以优化商品详情页、提高商品质量、调整价格策略、增加观众互动等。

在“数据详情”界面选择“商品”功能栏，可在下方查阅到各商品的“商品点击 – 成交转化率”数据，如图 4–1–16 所示。

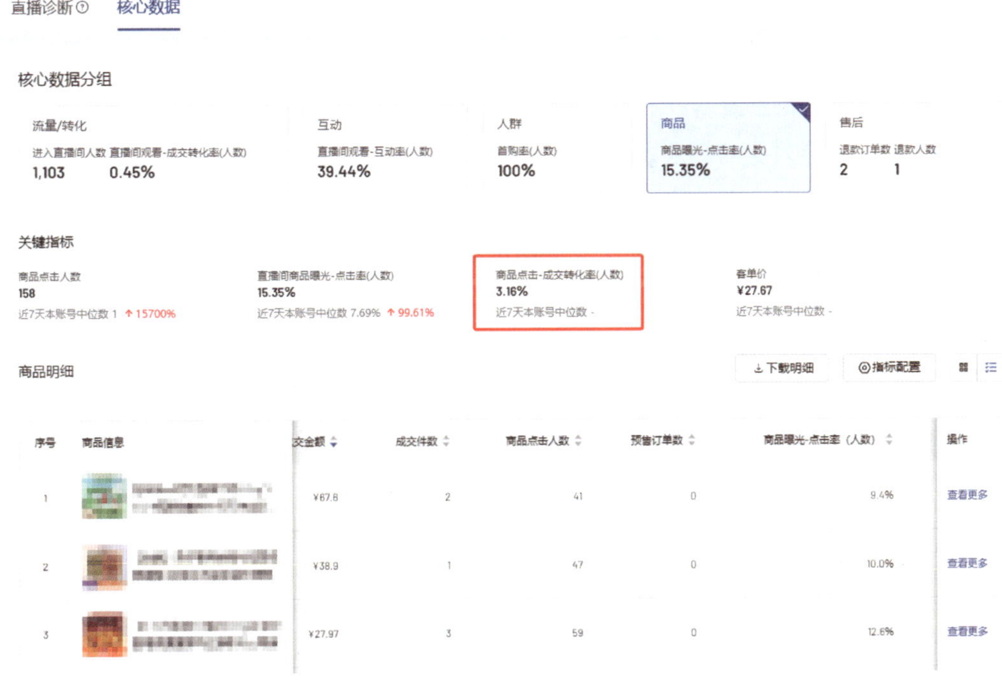

图 4–1–16　“商品点击 – 成交转化率”数据位置

新视界

某头号主播的深夜复盘

深夜 11 点 30 分，刚刚结束 3 个多小时直播的某头号主播，依然没有结束工作，因为有一项重要的事项在等着他。会议室里，直播团队的成员已就位，一场复盘会即将开始。

一场复盘会，通常有回顾、总结、分析和计划，在复盘的过程中，可以将失误的经历一点点剖析、总结，并形成对策；将做的好的地方，进一步深化，推向极致。

某头号主播就是在一次次的复盘中，不断完善直播细节，形成了自己的风格，一步步成为头部主播。

2. 直播数据对比

单独分析某一场直播的数据是不够的，还需要把不同场次的直播放在一起进行纵向的对比，以找出不同场次直播间的异同点、优劣势，以便于改进。当进行不同场次直播数据对比时，可以遵循以下步骤：

第一步，确定对比的场次。以抖音平台男装直播间“衬衫老罗”为例，在“蝉妈妈”中搜索账号名称，在搜索结果界面中点击需要分析的直播间（见图 4–1–17）。在“直播分析”模块中即可看到各场次的直播记录及数据概览，如图 4–1–18 所示。

图 4–1–17　直播间搜索结果界面

7天 30天 90天 180天 365天 730天 1100天　数据大屏　意向带货达人　收藏　监控

基础分析
直播分析
视频分析
带货分析
粉丝分析
达人诊断

12/25 07:03（直播中）	8w	-	413	5.4	85	1,730	43.4w
12/24 17:01	13.9w	11.38%	917	6.18	85	3,869	86.2w
12/24 09:04	8.6w	9.63%	375	4.7	82	1,347	40.2w
12/23 17:04	13.1w	15.11%	726	5.15	80	2,004	67.3w
12/23 07:09	10.6w	13.32%	675	4.9	80	1,830	51.8w
12/22 17:10	11.5w	14.98%	758	5.65	81	3,018	64.8w
12/22 09:05	10.1w	11.15%	499	4.65	77	1,694	47.1w
12/21 17:06	14.4w	12.96%	995	4.88	80	2,891	70.4w

图 4-1-18　直播记录列表

在选择直播场次时，原则上应当选择直播日期相近、商品类似、直播时间段相似的场次，这样的对比结论更加有参考性。

第二步，对比人气数据。通过回顾直播间的人气变化，结合直播间进场人数、在线人数等数据，可以分析哪个时间段进入直播间的人数较多、哪个时间段的在线人数较多等，从而分析哪种直播话术和直播活动更受观众喜爱。

例如，比较两个场次直播间的数据，如图 4-1-19、图 4-1-20 所示，可以看到两场直播的累计观看人次分别为 13.1 万和 13.9 万，趋势图形也很相似。两场直播均是从开播 5～10 分钟开始在线人数快速上升，迅速达到第一个峰值。随后在线人数趋于稳定，在 21：00 左右再次上升，22：30 到 23：00 达到第二波峰值。

进一步比对两场数据，可以发现第二场的累计观看人次、人气峰值和平均停留时长数据均好于第一场。经过分析，造成这种结果可能有以下几个因素：

①第二场直播的福袋发放次数为 3 次，比第一场多 1 次，发放时间也更加集中（见图 4-1-21），对人气的提升起到了助推作用。

②如图 4-1-22、图 4-1-23 所示，两场直播的人气峰值均出现在 22：30 左右，第二场直播在此阶段讲解的商品为 239 元的加绒衬衣，价格比第一场直播在此阶段讲解的 997 元的大衣低很多。由此可见，价格较低、适用性更广的商品，更有利于吸引观众的注意力，提升停留时长。

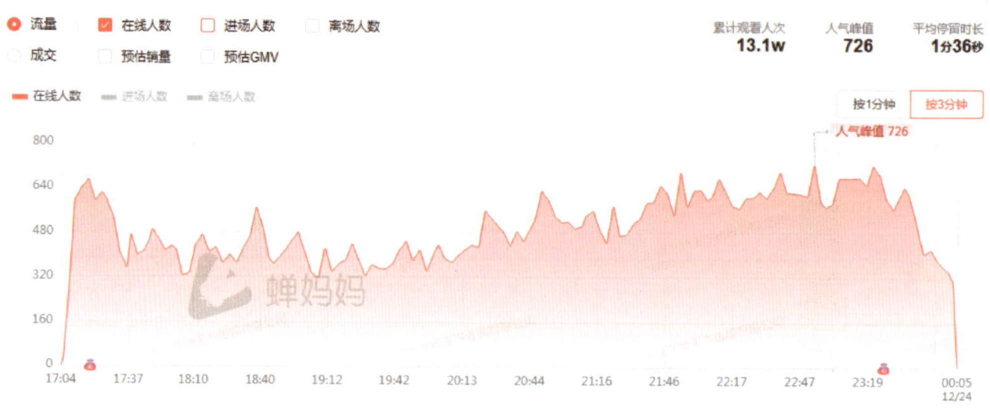

图 4-1-19　第一场直播人气数据

图 4-1-20　第二场直播人气数据

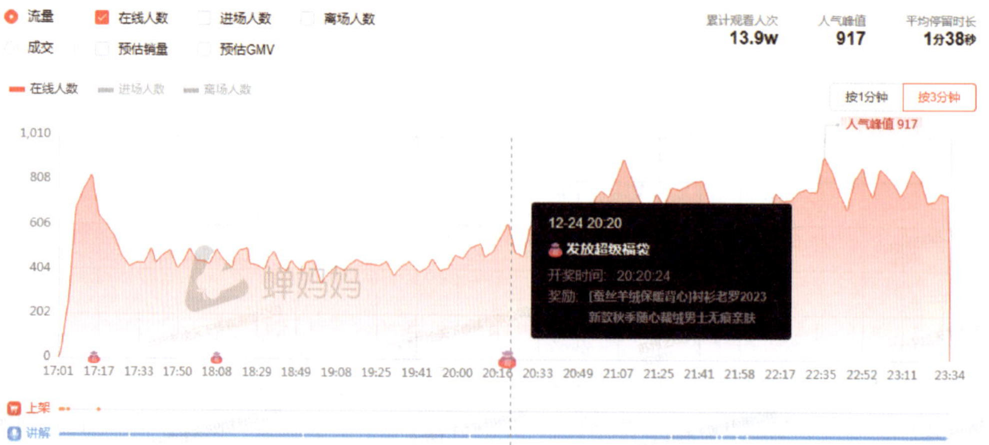

图 4-1-21　第二场直播福袋发放详情

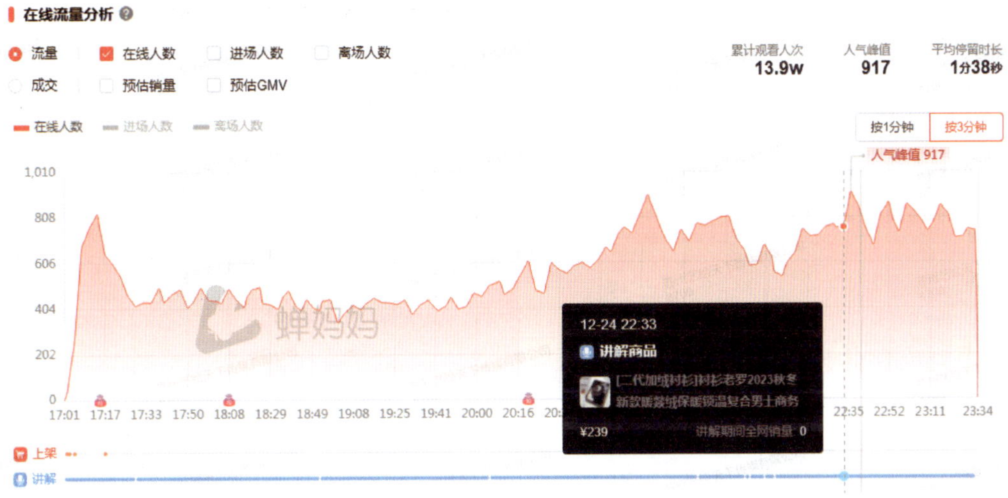

图 4-1-22　第二场直播商品讲解时段

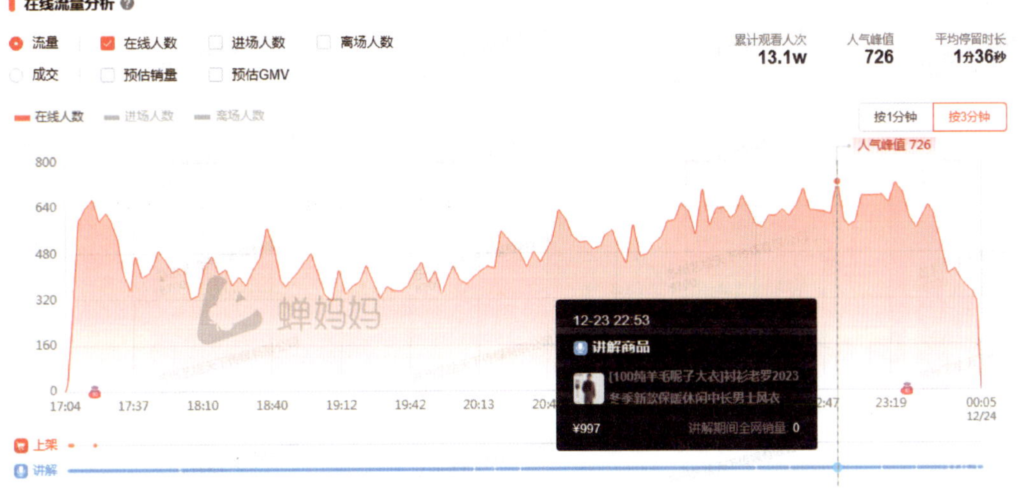

图 4-1-23　第一场直播商品讲解时段

第三步，对比销售数据。直播销售数据能充分体现直播带货的效果，直播间的高销量商品可以反映出观众的购买意愿，从而指导下一场直播的选品和定价。如图 4-1-24 和图 4-1-25 所示的是该直播间第一场和第二场的商品销售情况。

整体来看，第二场的直播销售额为 86.2 万元，高于第一场的 67.3 万元。详细分析其商品销售情况，第二场的加绒衬衣卖出了 2 344 件，远超其他商品。除了具备较高的性价比外，加绒衬衣还可以适应南北方不同的穿着场景，可以较好地兼容、搭配其他服饰，属于服装中的必备基础款。这件商品的大卖，是第二场直播销售数据更好的主要因素。

共 80 个商品　累计销量 2,004　累计销售额 67.3w　导出数据

商品	价格	销量(件)	销售额	转化率	累计讲解时长	上/下架时间	操作
	¥229.00 次日发	424	9.7w	100.00%	59分15秒	12-23 17:07:47 12-24 00:05:39	
	¥997.00 规格 次日发	352	35.1w	100.00%	2小时46分37秒	12-23 17:07:47 12-24 00:05:39	
	¥49.00 满2件减5	260	1.1w	74.50%	--	12-23 17:07:47 12-24 00:05:39	
	¥99.00 规格 次日发	243	2.4w	100.00%	9分1秒	12-23 17:07:47 12-24 00:05:39	
	¥9.90 规格 次日发	95	831.6	100.00%	3分13秒	12-23 17:07:31 12-24 00:05:39	
	¥699.00 次日发	78	5.5w	13.66%	--	12-23 17:07:47 12-24 00:05:39	
	¥299.00 次日发	71	2.1w	4.38%	--	12-23 17:07:47 12-24 00:05:39	
	¥149.00 消费券	61	9,089	17.58%	--	12-23 17:07:47 12-24 00:05:39	
	¥139.00 规格 官方立减15%	55	7,645	33.74%	--	12-23 17:07:47 12-24 00:05:39	
	¥239.00 次日发	55	1.3w	51.40%	--	12-23 17:07:47 12-24 00:05:39	

图 4-1-24　第一场直播商品销售情况

共 85 个商品　累计销量 3,869　累计销售额 86.2w　导出数据

商品	价格	销量(件)	销售额	转化率	累计讲解时长	上/下架时间	操作
	¥239.00 次日发	2,344	56w	100.00%	3小时43分2秒	12-24 17:03:31 12-24 23:37:39	
	¥99.00 规格 满100减10	364	3.6w	-	8分24秒	12-24 17:03:31 12-24 22:11:28	
	¥199.00 规格 次日发	272	5.4w	56.78%	--	12-24 17:03:31 12-24 23:37:39	
	¥49.00 满2件减5	266	1.3w	100.00%	--	12-24 17:03:31 12-24 23:37:39	
	¥9.90 规格 满100减10	93	920.7	100.00%	4分28秒	12-24 17:02:27 12-24 22:11:28	
	¥699.00 次日发	72	5w	16.59%	--	12-24 17:03:31 12-24 23:37:39	
	¥299.00 次日发	71	2.1w	6.20%	--	12-24 17:03:31 12-24 23:37:39	
	¥229.00 次日发	62	1.4w	50.41%	--	12-24 17:03:31 12-24 23:37:39	
	¥499.00 消费券	45	2.2w	13.60%	--	12-24 17:03:31 12-24 23:37:39	
	¥139.00 规格 官方立减15%	42	5,838	23.60%	--	12-24 17:03:31 12-24 23:37:39	

图 4-1-25　第二场直播商品销售情况

第四步，提出改进措施。综合第二步和第三步的分析结论，可以得出以下在下场直播中可以优化的维度：

①提升发放福袋的频率，在直播的中前段时间集中发放。

②拉长核心商品的讲解时长，集中讲解，不分散讲解。

③增加加绒衬衣等必备基础款商品，提升其性价比。

任务执行

1. 分组，并按预期工作要求进行分工。

2. 使用直播平台后台或第三方数据工具采集两场直播的热度数据，填入表 4–1–1 中。

表 4–1–1　两场直播的热度数据（示例）

数据类型	数据维度	第一场数据	第二场数据
热度数据	直播间曝光人数（人）	23 021	25 370
	直播间观看人数（人）	6 010	8 361
	直播间观看 – 互动率	2.6%	3.3%
	人均观看时长（秒）	59	53
	“粉丝”增加量（个）	1 498	1 678

3. 使用直播平台后台或第三方数据工具采集两场直播的销售数据，分别填入表 4–1–2、表 4–1–3 中。

表 4–1–2　第一场直播的销售数据（示例）

序号	商品名称	价格（元）	销量（件）	销售额（元）	商品点击 – 成交转化率	重复购买率
1	其妙芝士芋泥流心雪媚娘蛋黄酥	9.9	1 406	13 919.4	10%	20%
2	金汤小面	19.9	678	13 492.2	12%	25%
3	辣五香钢化蛋活珠子喜蛋	21.9	550	12 045	8%	15%
4	其妙米果卷	9.9	791	7 830.9	3%	12%
5	草莓巧克力酥性饼干	9.9	621	6 147.9	5%	10%
6	桂花奇亚籽坚果藕粉羹	14.9	328	4 887.2	10%	22%
7	手工日晒面、酸辣金汤面 10 袋组合装	29.9	149	4 455.1	5%	15%
8	熊孩子芒果干	19.5	51	994.5	7%	20%

续表

序号	商品名称	价格（元）	销量（件）	销售额（元）	商品点击-成交转化率	重复购买率
9	萧县面皮	24.8	18	446.4	6%	18%
10	武汉热干面	19.8	9	178.2	4%	8%

表 4-1-3　第二场直播的销售数据（示例）

序号	商品名称	价格（元）	销量（件）	销售额（元）	商品点击-成交转化率	重复购买率
1	其妙芝士芋泥流心雪媚娘蛋黄酥	9.9	1 906	18 869.4	10%	20%
2	金汤小面	19.9	755	15 024.5	12%	25%
3	辣五香钢化蛋活珠子喜蛋	21.9	650	14 235	8%	15%
4	其妙米果卷	9.9	899	8 900.1	3%	12%
5	草莓巧克力酥性饼干	9.9	821	8 127.9	5%	10%
6	手工日晒面、酸辣金汤面 10 袋组合装	29.9	209	6 249.1	5%	15%
7	桂花奇亚籽坚果藕粉羹	14.9	288	4 291.2	10%	22%
8	熊孩子芒果干	19.5	151	2 944.5	7%	20%
9	武汉热干面	19.8	89	1 762.2	4%	8%
10	萧县面皮	24.8	18	446.4	6%	18%

4. 根据采集到的数据，通过对比第一场直播，进行第二场直播的数据分析，填入表 4-1-4 中。

表 4-1-4　第二场直播数据分析表（示例）

“零食狂欢节”直播数据分析

1. 确定对比的场次

“零食狂欢节”第一场和第二场直播间隔 1 天，商品类似、直播时间段相似，确定为对比场次。

2. 对比人气数据

第二场的整体人气数据较好，特别是在直播间观看人数和直播间观看-互动率两个指标上明显领先。反映了其引流、互动引导等工作做得比较好。但第二场直播的人均观看时长较短，反映了其福利发放、主播话术、商品展示等方面存在不足。

3. 对比销售数据

两场直播商品的销售排名相近，其中，“其妙芝士芋泥流心雪媚娘蛋黄酥”“金汤小面”“辣五香钢化蛋活珠子喜蛋”在两场直播中销售额均为前 3 名，受到了观众的持续喜爱。“熊孩子芒果干”“武汉热干面”“萧县面皮”在两场直播中销售额均为后 3 名，可能其性价比较低或与目标人群需求不匹配。

续表

4. 提出改进措施 ①加强福利发放的频次、优化主播话术、提升商品展示场景的沉浸感和视觉吸引力；②“其妙芝士芋泥流心雪媚娘蛋黄酥”“金汤小面”“辣五香钢化蛋活珠子喜蛋”在下场直播中可以加大力度售卖；“熊孩子芒果干”“武汉热干面”“萧县面皮”可以考虑在后续的直播选品清单中删除，更换其他商品。

任务评价

任务完成后，请根据表 4-1-5，对任务完成情况进行总体评价。

表 4-1-5　小组任务完成情况评价表

任务编号		任务名称			
小组名称		小组成员			
评价项目	**评价标准**		**评价分值**	**得分**	**备注**
知识目标	直播数据	了解直播数据类型及常用采集工具	10		
	数据分析	熟悉数据读取、优化及对比方法	10		
技能目标	直播数据采集	能进行直播数据采集	20		
	直播数据分析	能进行直播数据分析	40		
素养目标	团队意识	小组合作，分工明确，服从安排	5		
	时间管理	时间分配合理，遵守计划安排，按时完成	5		
	学习态度	积极、主动、探究	5		
	其他	其他相关素养，如文学修养、协作精神等	5		
综合得分 / 评价等级：			评价人 / 日期：		
说明：评分范围为 A 到 D。A 对应“优秀”（≥85 分），B 对应“良好”（≥70 分，<85 分），C 对应“合格”（≥60 分，<70 分），D 对应“不合格”（<60 分）					

学习任务 2　执行复盘

学习目标

知识目标

1. 了解直播执行复盘的目标、重要性及主要内容
2. 熟悉直播执行复盘的基本步骤和方法

技能目标

1. 能进行“人”的复盘
2. 能进行“货”的复盘
3. 能进行“场”的复盘

任务下达

进行了两场“零食狂欢节”专场直播后，团队需要对直播执行进行复盘。

本任务需要学生完成以下工作：

1. 进行本场直播“人”的复盘；
2. 进行本场直播“货”的复盘；
3. 进行本场直播“场”的复盘。

相关知识

直播执行复盘是指在直播结束后，对直播过程和结果进行全面回顾和分析的过程。它是电商直播运营中的一个重要环节，旨在总结经验教训、发现问题和优化策略，以提高直播销售效果。

直播执行复盘也是围绕“人、货、场”展开的。其中“人”的复盘，主要围绕直播引流、观众画像、观众互动、主播话术等工作展开；“货”的复盘，主要围绕提升直播间选品组合和过款流程的合理性展开；“场”的复盘，主要围绕提升场景吸引力和场景销售力展开。

一、“人”的复盘

1. 直播观众画像复盘

新视界

东方甄选直播间的观众画像

东方甄选是抖音平台第一梯队的直播间，受到广大“粉丝”的喜爱，它的观众画像如下：

性别及年龄分布方面：女性占比达67%，正好是男性的两倍；从年龄维度看，占比最高的是31～40岁，占比达45%，其次是24～30岁，占比约28%，50岁以上占比最少，占比不到5%。

地域分布方面：一、二线城市的合计将近50%，说明“粉丝”消费能力较强。

设备使用方面：苹果用户占比超过40%，其次为华为用户，侧面印证了“粉丝”消费能力较强。

直播间观众画像是指对直播间内观众的基本信息、兴趣爱好、消费习惯等进行综合分析和描述。通过观众画像的复盘分析，可以更好地了解目标受众的特点，从而有针对性地制定运营策略和提供个性化的推荐服务。下面是一些常用的观众画像复盘维度。

（1）基本信息复盘

年龄、性别、地域分布等基本信息可以通过用户注册信息或直播间的观众统计数据进行分析。例如，通过分析数据发现直播间的主要观众群体年龄为25～35岁，女性占比较高，地域主要集中在一、二线城市，那么直播间的装修风格则需要更加女性化，主播话术中可能需要加入城市年轻白领女性更感兴趣的话题，以增加销售转化率。

在抖音电商罗盘的“数据详情”界面选择“人群”功能栏，可在下方查阅到“粉丝占比”“性别分布”“年龄分布”等详细信息，如图4-2-1所示。

（2）兴趣爱好复盘

直播平台往往会通过用户的访问行为、观看行为、话题关注、主播关注等信息，为用户打上各种兴趣标签，如美妆、健身、时尚等。在直播执行复盘中，对直播间观众的兴趣标签进行分析，可以更好地了解直播间观众的关注点，有针对性地进行直播内容的优化，增加观众对直播间的黏性。

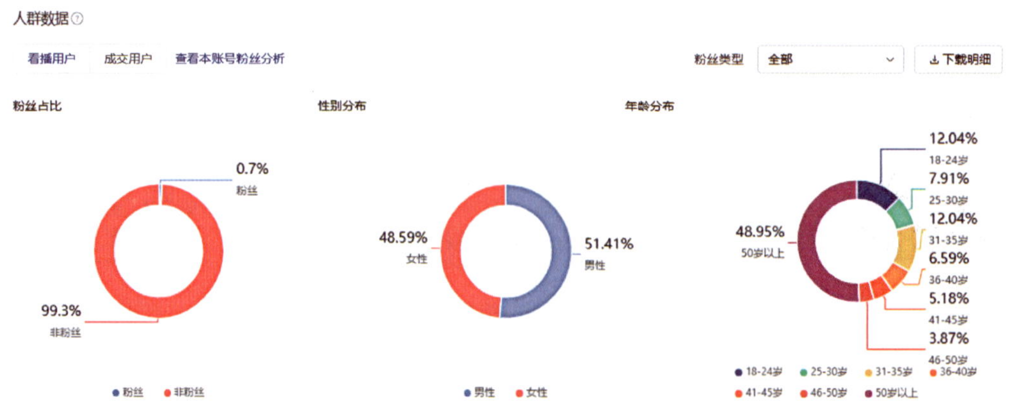

图 4-2-1　人群基本信息示意

此外，还可以通过观众在直播间中的行为和互动记录，分析观众的兴趣爱好。例如，观众在评论区的留言内容、参与互动的频率和方式等可以反映他们对不同商品或话题的偏好。结合观众的兴趣爱好，可以提供个性化的推荐服务，增加购买转化率。

在抖音电商罗盘的导航栏中选择“人群”功能栏，可以在下方查阅到“一级内容偏好”“二级内容偏好”等详细信息，如图 4-2-2 所示。

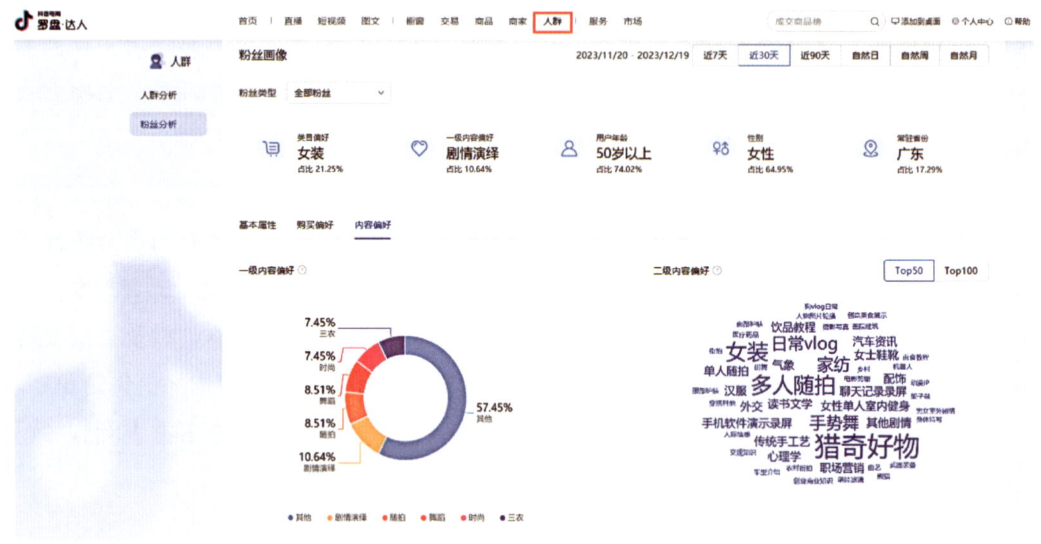

图 4-2-2　人群内容偏好示意

（3）消费习惯复盘

通过观众的购买记录和消费行为，可以分析他们的消费习惯。例如，分析观众购买的商品类型、价格偏好、购买频率等可以了解他们的消费需求和购买能力，从而结

合消费习惯，制定价格策略、促销策略和推荐相应的商品。

选择“购买偏好”功能栏，可在下方查阅到“行业偏好”“同行业达人偏好”和“类目偏好”等详细信息，如图 4-2-3 所示。

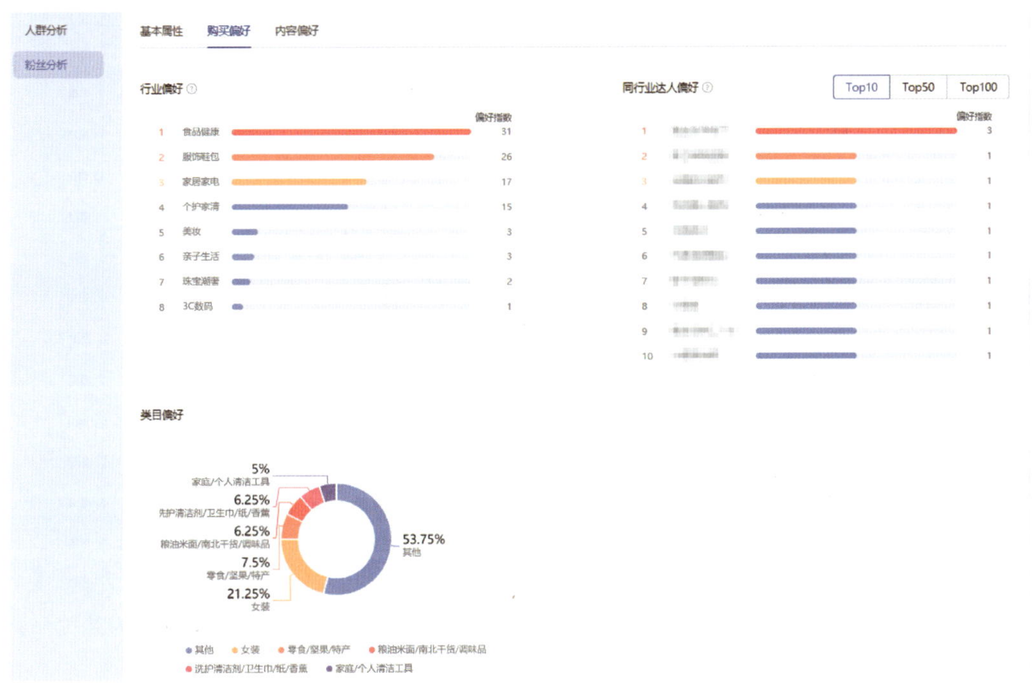

图 4-2-3　人群购买偏好示意

2. 直播间引流复盘

引流是指通过各种手段吸引潜在观众来到直播间，包括直播平台推荐、社交媒体传播、短视频引流等。通过引流，可以扩大直播间的曝光度，增加观众数量，提高潜在观众的转化率。

（1）引流渠道分析

通过分析直播平台推荐、直播大厅首页、推荐位、话题榜单、关键词搜索等渠道的转化率和观众质量，可以确定哪些渠道对于直播间来说最具有效率和价值。例如，某个直播间通过在话题榜单上展示商品引流，发现该渠道带来的观众销售转化率较高，可以优化引流策略，加大在话题榜单上的投放力度。

在抖音电商罗盘中选择“直播复盘”功能栏，可在下方查阅到各个引流渠道的详细数据信息，如图 4-2-4 所示。

直播 直播复盘 直播明细 直播榜单

直播复盘 2023/12/13 – 2023/12/19 近7天 近30天 自然周 自然月 大促 自定义

渠道分析 下载明细 指标配置

渠道名称	直播间曝光次数	直播间观看次数	直播间曝光-观看率(次数)	商品曝光-点击率(次数)	成交订单数	操作
整体	128 较上周期 ↓ 56.01% 同行同级优秀值 13.02万	22 较上周期 ↓ 56.86% 同行同级优秀值 2.05万	17.19% 较上周期 ↓ 1.93% 同行同级优秀值 38.4%	2.58% 较上周期 ↓ 55.02% 同行同级优秀值 11.27%	0 较上周期- 同行同级优秀值 1	趋势
自然渠道	128	22	17.19%	2.58%	0	趋势
推荐feed	34	5	14.71%	5.56%	0	趋势
直播广场	-	-	-	-	-	趋势
同城	-	-	-	-	-	趋势
直播推荐-其他推荐场景	-	-	-	-	-	趋势
短视频引流	6	0	0%	-	0	趋势
关注	6	1	16.67%	0%	0	趋势
搜索	43	11	25.58%	2.24%	0	趋势
个人主页&店铺&橱窗	2	0	0%	-	0	趋势
抖音商城推荐	1	1	100%	-	0	趋势
活动页	1	0	0%	-	0	趋势
头条西瓜	12	2	16.67%	-	0	趋势
其他	23	2	8.7%	0%	0	趋势
付费渠道	-	-	-	-	-	趋势

图 4-2-4　引流渠道数据示意

（2）引流内容分析

引流内容包括广告投放素材、短视频、直播标题、直播封面以及引流文案等。通过引流素材获客数据复盘分析，可以评估不同引流内容的吸引力和转化率。例如，某个直播间尝试了多种不同的直播标题和直播封面，发现使用带有疑问或热门话题的标题和封面效果更好，可以吸引更多观众进入直播间。

（3）引流时间分析

不同时间段的观众活跃度和观看行为可能有所不同。通过数据分析，可以找出哪些时间段的直播引流效果更好。例如，某个直播间发现在晚上 8 点至 10 点的时间段进行引流，观众在线人数和销售量较高，那么后续的直播都可以选择在这个时间段加大直播引流力度。

（4）引流 ROI 分析

引流的投入产出比分析非常重要，这有助于了解引流的成本效益，在直播中，经常使用 ROI（Returnon Investment）的概念衡量投入产出比。ROI 是指投入的引流成本与获得的销售额之间的比例关系，用来衡量引流活动的盈利能力。计算公式为：ROI=（销售额 – 引流成本）/ 引流成本 ×100%。假设某直播间在直播平台进行了一

场直播引流活动，投入的引流成本为 5 000 元，销售额为 15 000 元，那么根据上述计算公式：ROI=（15 000−5 000）/5 000×100%=200%。

这意味着每投入 1 元的引流成本，可获得 3 元的销售额，整体引流活动是盈利的。通过进一步分析不同引流渠道的数据，可以了解到哪些引流渠道的 ROI 更高，从而优化引流策略，提高整体的引流 ROI。

需要注意的是，抖音直播引流 ROI 分析不仅仅局限于销售额和引流成本，还应综合考虑观众互动数据、观众质量和观众留存等因素，以全面评估引流活动的效果和价值。

二、“货”的复盘

1. 选品复盘

观众观看直播，其最终目的是购买商品。商品选得好，满足观众的消费需求，就可能带来好的直播销售表现；如果选的商品不能吸引观众，无法满足观众的消费需求，那么销售表现注定不会太好。因此，直播间选品复盘是“货”的复盘的重点工作。

直播间选品复盘是通过单品的直播数据表现筛选出与观众需求匹配的商品。一场带货直播中，往往会有多种商品同时上架销售，特别是一些综合类直播间中，会上架多种品类、多种型号的商品。这时，筛选出那些最容易销售、观众最喜欢的商品，对后续直播商品的优化非常重要。单品选得好不好，有以下几个判断依据。

（1）商品销售额高

带货直播间的商业利益是首要的，而销售额高的商品一定是直播间需要提高权重的商品。同时，销售额高也代表观众偏好度高，这有利于提升直播间热度、促进“粉丝”留存。

例如，在表 4-2-1 中罗列了零食直播中销售额排名前 10 的商品，可以看到其销售额最高的雪媚娘蛋黄酥商品获得了 1.8 万余元的销售额，排名第 3 的辣五香钢化蛋活珠了喜蛋也获得了 1.4 万余元的销售额。这些商品就是后续直播时可以优先纳入考虑的商品。

表 4-2-1 某场直播销售额排名前 10 商品清单

序号	商品名称	价格（件）	销量（件）	销售额（元）	商品点击－成交转化率	重复购买率
1	其妙芝士芋泥流心雪媚娘蛋黄酥	9.9	1 906	18 869.4	10%	20%
2	金汤小面	19.9	755	15 024.5	12%	25%
3	辣五香钢化蛋活珠子喜蛋	21.9	650	14 235	8%	15%

续表

序号	商品名称	价格（件）	销量（件）	销售额（元）	商品点击 - 成交转化率	重复购买率
4	其妙米果卷	9.9	899	8 900.1	3%	12%
5	草莓巧克力酥性饼干	9.9	821	8 127.9	5%	10%
6	手工日晒面、酸辣金汤面 10 袋组合装	29.9	209	6 249.1	5%	15%
7	桂花奇亚籽坚果藕粉羹	14.9	288	4 291.2	10%	22%
8	熊孩子芒果干	19.5	151	2 944.5	7%	20%
9	武汉热干面	19.8	89	1 762.2	4%	8%
10	萧县面皮	24.8	18	446.4	6%	18%

（2）商品转化率高

同属性的商品，商品转化率越高，代表越受观众青睐，收获商业利益的效率越高。如果商品的类目和销售额相近，表 4-2-2 所列的两件商品其销售额一个 1.5 万余元，一个 1.4 万余元，相差不大。这种情况下，如果要比较出哪件商品对直播间更有价值，要考量的指标就是商品的转化率。通常直播平台后台会直接计算出商品转化率数据，可以看到，序号 1 商品的商品点击 - 成交转化率是 12%，序号 2 商品的商品点击 - 成交转化率是 8%，很明显序号 1 商品的带货能力更强，应当在后续的直播中优先选择。

表 4-2-2　某场直播商品转化率对比分析表

序号	商品名称	价格（元）	销量（件）	销售额（元）	商品点击 - 成交转化率	重复购买率
1	金汤小面	19.9	755	15 024.5	12%	25%
2	辣五香钢化蛋活珠子喜蛋	21.9	650	14 235	8%	15%

2. 单品复盘

单品复盘是指对直播中销售的单个商品进行数据化回顾和总结的过程。通过对单品进行复盘，可以深入分析商品的销售节奏、流量运营以及话术策略的有效性，从而提供改进和优化的方向。

单品复盘包括交易分析、流量转化分析、商品用户分析、商品评价分析四大版块，

分析商品在不同阶段、不同内容场景下的成交转化数据，收集复盘商品的用户群体画像和商品质量反馈，从多维度综合复盘商品成交情况。下面以抖音平台为例，分别进行介绍。

（1）交易分析

通过商品的交易分析可以清晰地判断商品的销售趋势、了解渠道构成及消费者偏好等，从而对选品和引流等工作提出优化建议。主要从两个方面进行交易分析：

1）核心数据分析。在抖音电商罗盘中的“交易分析”功能栏中（见图 4–2–5），可以查看某商品成交的核心数据指标，并可选择相应指标观察周期内的趋势变化，可根据趋势变化明显的时间节点定位带货具体问题或策略反馈。

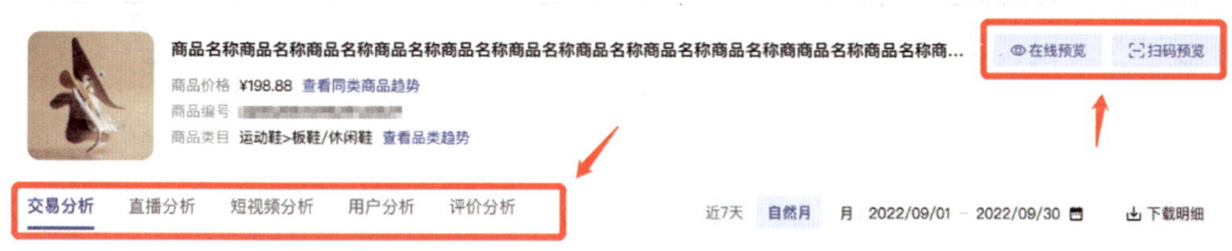

图 4–2–5　“交易分析”功能栏位置示意

需要关注的数据指标包括“成交金额”“成交订单数”“结算佣金”“成交人数”“退款人数”“退款金额”等，如图 4–2–6 所示。

图 4–2–6　核心数据分析示意

2）交易构成分析。可以在“交易构成”功能栏中查阅“渠道分析”（见图 4-2-7）、“新老客构成”（见图 4-2-8）、“粉丝构成”等数据指标。其中，“渠道分析”模块可以识别商品成交的主要成交体裁，确定商品带货的主要方式和策略；“新老客构成”模块可以明确该商品是否为引流款商品，便于优化带货话术等；“粉丝构成”模块可以观察“粉丝”群体的商品偏好，优化带货商品结构。

交易构成

渠道分析　新老客构成　粉丝构成

渠道名称	成交金额	曝光人数	曝光-成交转化率	成交人数
直播间	¥888,888,888.00	123,456.97	25%	123,456.97
短视频	¥888,888,888.00	123,456.97	25%	123,456.97
橱窗	¥888,888,888.00	123,456.97	12.5%	123,456.97

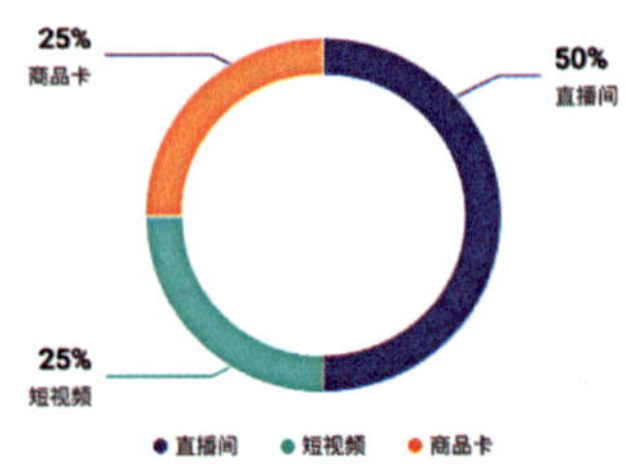

图 4-2-7 “渠道分析”示意

交易构成

渠道分析　新老客构成　粉丝构成

渠道名称	成交金额	成交人数	商品曝光人数	曝光-成交转化率
新客	¥888,888,888.00	123,456.97	123,456.97	25%
老客	¥888,888,888.00	123,456.97	123,456.97	25%

25%
老客
75%
新客
新客　老客

图 4-2-8 “新老客构成”示意

（2）流量转化分析

在抖音电商罗盘中的“直播分析”功能栏中可以查看商品在直播渠道下的转化情况，以及指标在周期内的波动情况，并可选择两个以内的数据指标，观察其在选定周期内的变化情况。

需要关注的指标如下：

1）流量指标：直播间商品曝光人数、直播间商品点击人数。

2）交易指标：直播间成交金额、直播间成交订单数、直播间成交件数、直播间成交人数、直播间退款金额、直播间退款人数、直播间退款订单数等。

3）转化指标：直播间观看人数、下单人数、下单人数占比，如图 4-2-9 所示。

直播间明细

直播间	开播时间	直播时长	直播间观看人数	下单人数	下单人数占比	直播间成交金额	操作
直播间名称名称名称名称最长...	2020/09/09 00:00 1小时22分58秒	8小时32分28秒	123,456.97	123,456.97	25%	¥888,888,888.00	直播详情
直播间名称名称名称名称最长...	2020/09/09 00:00 1小时22分58秒	4分28秒	123,456.97	123,456.97	25%	¥888,888,888.00	直播详情
直播间名称名称名称名称最长...	2020/09/09 00:00 1小时22分58秒	4分28秒	123,456.97	123,456.97	12.5%	¥888,888,888.00	直播详情
直播间名称名称名称名称最长...	2020/09/09 00:00 1小时22分58秒	4分28秒	123,456.97	123,456.97	12.5%	¥888,888,888.00	直播详情
直播间名称名称名称名称最长...	2020/09/09 00:00 1小时22分58秒	4分28秒	123,456.97	123,456.97	12.5%	¥888,888,888.00	直播详情
直播间名称名称名称名称最长...	2020/09/09 00:00 1小时22分58秒	4分28秒	123,456.97	123,456.97	12.5%	¥888,888,888.00	直播详情

图 4-2-9 转化指标示意

（3）商品用户分析

在抖音电商罗盘中的“用户分析”功能栏中可查看圈选时间范围内的商品用户的画像概览，包括“用户性别”“用户年龄”“城市等级占比最多”“活跃时间占比最多”“策略人群”“省份”“手机价格带”及其指标的变化波动趋势，如图 4-2-10 所示。

根据画像概览的信息，可以快速定位商品的用户群体，进而助力优化商品的带货话术、带货方式、带货时间，精细化覆盖这部分用户，提升优质商品的成交率。

（4）商品评价分析

在抖音电商罗盘中的“评价分析”功能栏中可以快速了解商品评价情况（见图 4-2-11），数据指标包括“评价数”“差评数”“差评率”“好评数”“好评率”，并可根据指标波动趋势情况，了解商品评价的变化，定位商品的质量水平。

从商品评价内容正反馈、负反馈的词云分析，可以明确商品的优劣势，综合评判某商品是否值得继续销售，或以此优化具体带货话术。

三、“场”的复盘

直播间“场”的复盘，需要进行“场”的准备工作复盘和“场”的执行工作复盘。下面分别讲解。

1. “场”的准备工作复盘

直播场景的准备是为了提高观众的观看体验，增加直播的互动性和观感度。通过营造出符合直播需求的场景，可以创造出愉悦、积极的观看氛围，让观众更加专注于主播的讲解，能更好地理解主播传达的信息。

商品名称商品名称商品名称商品名称商品名称商品名称商品名称商品名称商品名称商商品名称商品名称商...　在线预览　扫码预览

商品价格 ¥198.88 查看同类商品趋势

商品编号

商品类目 运动鞋>板鞋/休闲鞋 查看品类趋势

交易分析　直播分析　短视频分析　**用户分析**　评价分析　　2022/09/01-2022/09/01　近7天　近30天

画像概览 所选时间范围的商品购买用户画像

用户性别 **男性** 占比 78%	用户年龄 **31-40岁** 占比 78%	城市等级占比最多 **二线城市** 占比 78%	活跃时间占比最多 **14-15点** 占比 78%
变化趋势 20-25岁购买增多 ↑68.29%	变化趋势 无明显变动	变化趋势 无明显变动	变化趋势 无明显变动
对比其他品 20-25岁更偏爱本品 TGI 1.8	对比其他品 无明显差异	对比其他品 无明显差异	对比其他品 无明显差异

策略人群 **小镇青年** 占比 78%	省份 **江苏** 占比 78%	手机价格带 **8000以上** 占比 78%
变化趋势 20-25岁购买增多 ↑68.29%	变化趋势 无明显变动	变化趋势 无明显变动
对比其他品 20-25岁更偏爱本品 TGI 1.8	对比其他品 无明显差异	对比其他品 无明显差异

画像明细

性别分布

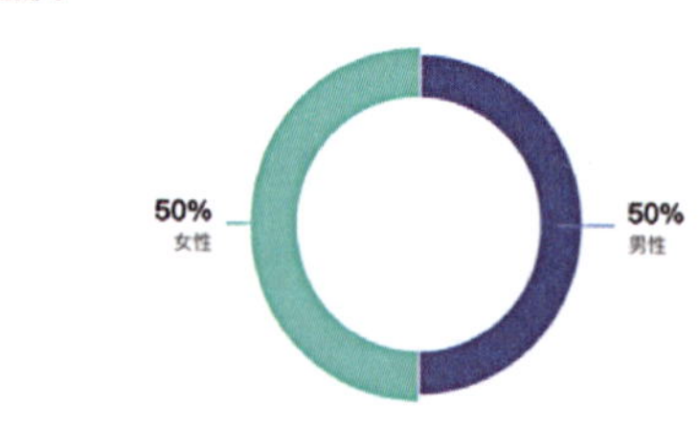

年龄分布

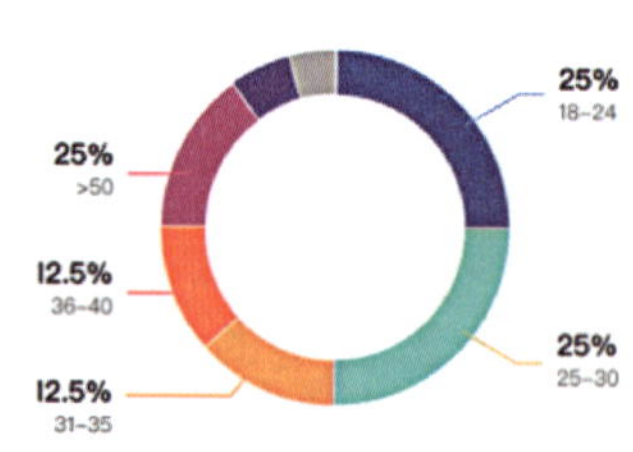

八大策略人群分布

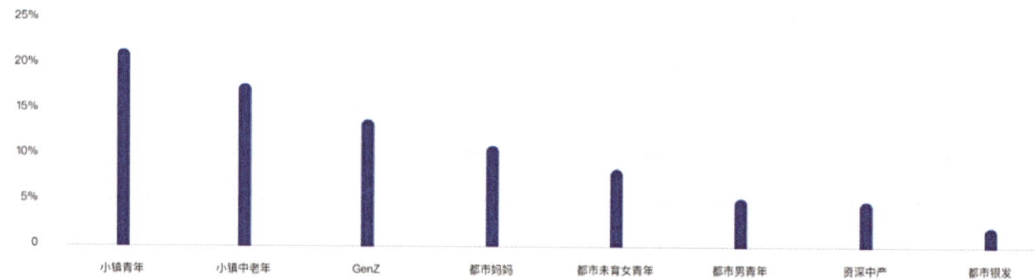

图 4-2-10　商品用户分析示意

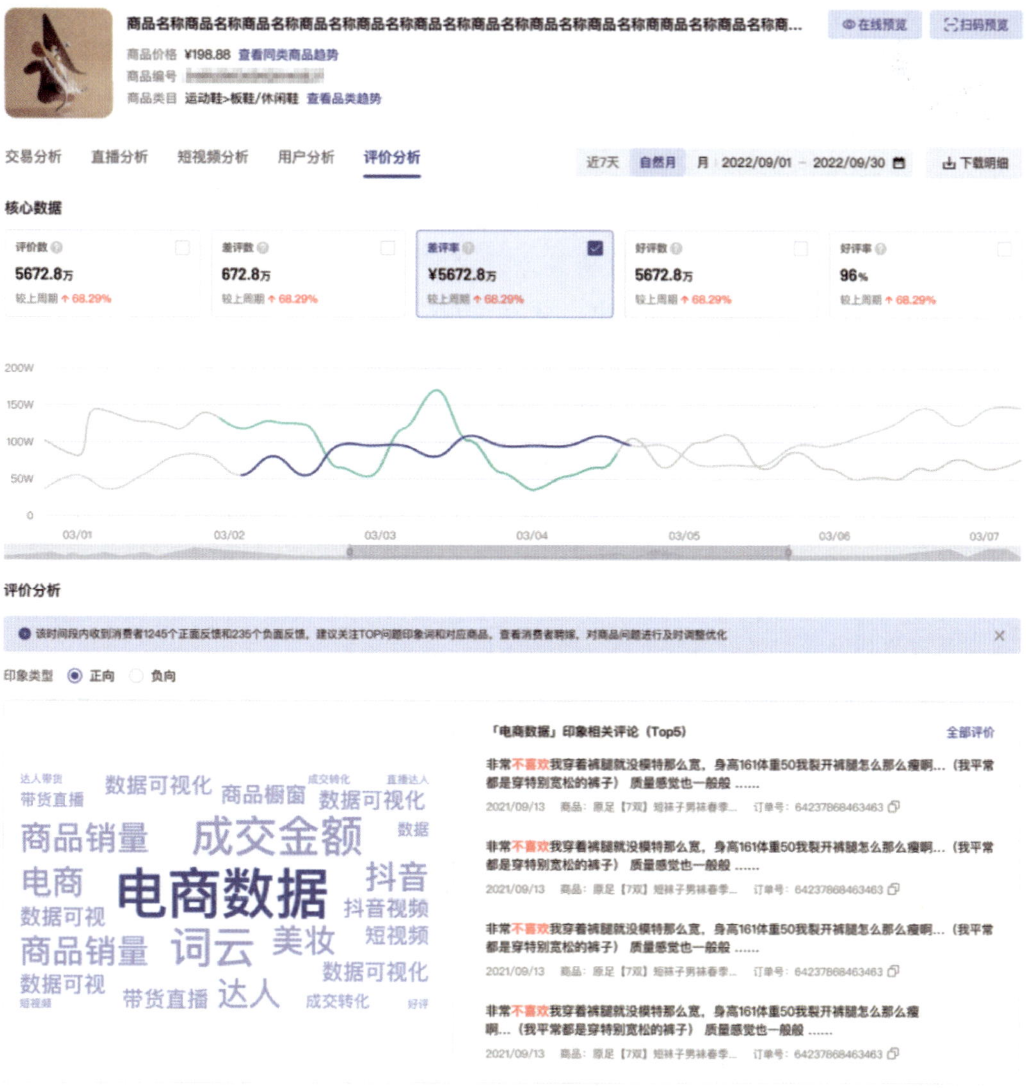

图 4-2-11 商品评价分析示意

对直播场景的准备工作进行复盘，需要重点考虑的是主题定位，这包括确定直播的主题内容、目标受众、商品或服务的特点等。复盘时，可以将直播间场景的准备情况与直播间受众画像进行对比，检查直播场景是否与目标受众的需求相匹配，是否能够有效吸引观众的注意力等。

例如，某健身主题直播间在直播前，首先确定了健身和健康的主题。直播团队分析了自己的受众群体，发现他们对健身器材和增肌教程特别感兴趣。因此，团队搭建了专业的增肌训练场景，在直播中展示最新的健身器材，并分享一些专业的健身增肌训练技巧。

知识窗

GRAI 复盘法

GRAI 复盘法是一种有效的项目或活动评估方法，它由四个部分组成：G（Goal，回顾目标）、R（Result，评估结果）、A（Analysis，分析原因）、I（Insight，总结经验）。

1. 回顾目标（Goal）：回顾项目或活动的原始目标，检查是否达成目标，或者目标是否出现偏离。回顾目标有助于确保复盘过程不偏离初衷和目标。

2. 评估结果（Result）：将活动的最终结果与预设目标进行对比，以评估活动的成效。

3. 分析原因（Analysis）：分析活动成功或失败的根本原因，涉及主观和客观两方面的因素，包括内部执行、市场反应、资源分配等。

4. 总结经验（Insight）：基于以上分析，总结出更有效或更符合本质规律的做法，包括需要实施的新措施、需要继续的有效策略等。

GRAI 复盘法是一种全面而系统的复盘工具，适用于企业和个人进行项目回顾和自我提升。通过这种方法，可以更有效地学习过去的经验，为未来的项目或活动提供宝贵的意见。

2.“场”的执行工作复盘

（1）直播设备复盘

直播间内设备众多，它们的正确设置和使用是一场直播成功的前提。复盘时，可以参照直播设备复盘分析表（见表 4-2-3），对直播间的各项设备在直播时的状态进行检查，必要时还可以查看直播录像以定位问题。

表 4-2-3　直播设备复盘分析表

复盘维度	描述	执行确认（执行到位画√，未执行到位说明原因）
直播设备	计算机是否正常？	
	直播伴侣是否正常？	
	中控台是否正常？	

续表

复盘维度	描述	执行确认（执行到位画√，未执行到位说明原因）
摄像设备	画面是否清晰？	
	机位是否正确？画面是否歪斜？	
网络设备	网络是否流畅？	
声音采集设备	画面声音是否无卡顿？	
	声音是否清晰？	
音响设备	画面中是否可以听到明显的背景音乐？	
直播道具	商品是否干净、无破损、无贴纸？	
灯光设备	灯光设备是否正常点亮？	
	灯光是否无过曝？	

（2）直播氛围复盘

除了良好的设备效果，直播氛围的营造也非常关键，这决定了一个直播间是否能够为观众提供情绪价值。

直播氛围复盘可从三个方面进行考量：

第一，亲切氛围复盘。可以通过直播录像和场控记录，考量主播是否积极对新进入直播间的观众表示欢迎；是否能叫出铁粉的昵称，并像朋友一般打招呼。对于主播而言，记住直播间铁粉的昵称是必须要做的功课。

第二，热闹氛围复盘。热闹氛围有两个表现：一是很多人在评论区对商品提问，会营造出很多人对商品感兴趣、有购买意愿的氛围；二是很多人在评论区下单，甚至有老用户反馈商品很好用，营造商品热销的氛围。热闹氛围复盘时，除了主观感受外，可以结合直播互动数据来优化数据低点的互动话术。

第三，抢购氛围复盘。通过报库存的方式营造商品马上就要卖空的氛围，让观众觉得“机不可失，时不再来”，要立马行动，下单购买。抢购氛围复盘时，可以结合直播评论、点击数据来优化数据低点的互动话术。

任务执行

1. 分组，并按预期工作要求进行分工。

2. 小组分工合作，根据上一任务中所获取的数据，依次完成以下工作：

步骤 1：进行本场直播“人”的复盘。

利用抖音电商罗盘工具，查询表 4-2-4 中“复盘维度”栏下的数据信息，将信息加以总结提炼，填写在表 4-2-4 的“描述”栏中。

表 4-2-4　直播执行复盘—“人”的复盘信息表（示例）

复盘维度		描述
基本信息	年龄分布（占比前 3 的年龄段）	50 岁以上占比 48.95%，31～35 岁占比 12.04%，18～24 岁占比 12.04%
	“粉丝”占比	“粉丝”占比 99.3%，非“粉丝”占比 0.7%
	性别分布	男性 51.41%，女性 48.59%
	省份排名（前 5 名）	广东 17.35%，四川 9.33%，江苏 7.24%，河南 5.75%，山东 5.06%
兴趣爱好	一级内容偏好	剧情演绎、时尚、三农
	二级内容偏好	猎奇好物、女装
消费习惯	行业偏好	食品健康、服饰鞋包、家居家电
	同行业达人偏好	零食开箱严选
	类目偏好	女装、零食、粮油米面

步骤 2：进行本场直播“货”的复盘。

利用抖音电商罗盘工具，查询表 4-2-5 中各个数据维度，将信息加以总结提炼，填写在表 4-2-5 中。

表 4-2-5　直播执行复盘—“货”的复盘信息表（示例）

商品名称：其妙芝士芋泥流心雪媚娘蛋黄酥

复盘维度		描述
单品核心数据	成交订单数	1 662 单
	成交人数	1 601 人
	成交件数	1 906 件
	预估结算佣金	1 886.9 元
	退款人数	10 人
	退款金额	99 元
	退款件数	10 件
交易构成分析	新老客结构	80% 新客，20% 老客
	“粉丝”成交结构	75%“粉丝”，25% 非“粉丝”
流量转化分析	直播间商品曝光人数	19 003 人
	直播间商品点击人数	6 701 人

步骤 3：进行本场直播“场”的复盘。

回放直播，对直播“场”的准备、执行工作进行回顾，认真核对表 4-2-6 所列复盘维度，并给予分析说明，结果填入表 4-2-6 的“执行确认”栏中。

表 4-2-6　直播执行复盘—“场”的复盘信息表（示例）

复盘维度	描述	执行确认（执行到位画√，未执行到位说明原因）
直播设备	计算机是否正常？	√
	直播伴侣是否正常？	√
	中控台是否正常？	√
摄像设备	画面是否清晰？	√
	机位是否正确？画面是否歪斜？	√
网络设备	网络是否流畅？	卡顿 2 次，路由器设置错误
声音采集设备	画面声音是否无卡顿？	√
	声音是否清晰？	√
音响设备	画面中是否可以听到明显的背景音乐？	√
直播道具	商品是否干净、无破损、无贴纸？	√
直播间环境卫生	地面、台面是否干净？（没有纸片、小垃圾）	台面有纸屑
	入镜场地、台面是否没有明显污渍？	√
	地面、台面电线是否收纳干净？	√
摄像灯光	灯光设备是否正常点亮？	√
	灯光是否无过曝？	√
直播封面	直播封面、标题、话题、贴片是否设置到位？	√
说明：“描述”栏内的内容可根据需要进行增减		

任务评价

任务完成后，请根据表 4-2-7，对任务完成情况进行总体评价。

表 4-2-7　小组任务完成情况评价表

任务编号		任务名称			
小组名称		小组成员			
评价项目	**评价标准**		**评价分值**	**得分**	**备注**
知识目标	复盘内容	了解直播执行复盘的目标重要性及主要内容	10		
	复盘方法	熟悉直播执行复盘的基本步骤和方法	10		
技能目标	“人”的复盘	能进行“人”的复盘	20		
	“货”的复盘	能进行“货”的复盘	20		
	“场”的复盘	能进行“场”的复盘	20		
素养目标	团队意识	小组合作，分工明确，服从安排	5		
	时间管理	时间分配合理，遵守计划安排，按时完成	5		
	学习态度	积极、主动、探究	5		
	其他	其他相关素养，如文学修养、协作精神等	5		
综合得分 / 评价等级：			评价人 / 日期：		
说明：评分范围为 A 到 D。A 对应“优秀”（≥85 分），B 对应“良好”（≥70 分，<85 分），C 对应“合格”（≥60 分，<70 分），D 对应“不合格”（<60 分）					

学习任务 3　售后工作

知识目标

1. 了解订单处理流程
2. 熟悉客诉处理流程

技能目标

1. 能进行订单状态跟踪
2. 能进行一般客诉处理

任务下达

“土豆鱼儿”直播间两场专场直播已经结束。在直播中把商品销售出去之后，还需要对销售订单进行持续的追踪，并且实时跟进可能发生的售后、客诉问题。

本任务需要学生登录直播带货平台的后台系统，观察订单状态，完成以下工作：

1. 进行订单状态跟踪反馈；
2. 查询客户投诉并进行整理，提出处理建议。

相关知识

直播销售分为达人直播和商家自播两种，其中达人直播是销售其他店铺的商品，商品的发货、售后由商家完成，而商家自播的发货、售后则需要自己完成。本任务所述为商家自播的发货、售后工作。

一、销售订单处理

1. 查询订单状态

一场直播带货结束后，相关运营人员或者商品管理人员需要在店铺查询订单状态，收集订单的支付、发货、售后等信息，并将信息及时同步给仓库、客服等相关部门。以抖音店铺为例，订单查询入口及相应功能如图 4-3-1 所示。

图 4-3-1　订单查询入口及相应功能

（1）“近 6 个月订单”：近 6 个月内创建的全部订单。

（2）“待支付”：用户选择“在线支付”的支付方式下单，但并没有完成支付动作的全部订单（如用户未在限定时间内未完成支付，订单将会被自动取消）。

（3）“备货中”：商家需要发货的全部订单。

（4）“已发货”：商家已操作发货且上传了真实有效物流单号的全部订单。

（5）“售后中”：用户申请退款或退货，处于售后中的全部订单。

（6）“已完成”：用户确认收货或系统超时自动确认的订单，已经发货且用户在确认收货或系统自动确认收货后完成售后的订单。

（7）“已关闭”：在线支付——发货前全额退款成功或未支付的订单；货到付款——在待确认和备货中被取消的以及被拒收的订单，已经发货且用户在未确认收货前完成售后的订单。

（8）“24h 需发货“：订单（含货到付款及在线支付）在承诺发货截止时间前 24 小时内仍然未点击发货或未上传真实有效物流单号的全部订单。

（9）“超时未发货”：超出商家承诺的发货时间还未进行发货操作的全部订单。

（10）“6 个月前订单”：6 个月前的全部订单。

2. 销售订单发货

及时、准确地完成发货，有助于提升观众购物体验、提升好评率，同时发货也是店铺 DSR 评分体系（卖家服务评级系统）中非常重要的一个维度。因此，查询完所有订单状态后，需要及时地安排订单发货。以抖音店铺为例，发货流程如下。

（1）待发货订单查询

商家进入“订单管理”界面后，点击“备货中”，即可查询待发货订单，如图 4-3-2 所示。

图 4-3-2　待发货订单查询界面

当有订单需要在 24 小时内发货或超时未发货时，在“订单管理”界面上方会进行提示。当订单状态为“备货中”“24h 需发货”“超时未发货”状态时，可通过“即将超时发货 / 下单时间”排序筛选更加紧急的订单，及时处理相关流程。

（2）选择要发货的订单进行发货

选择需要发货的订单，点击“发货”，进入发货界面匹配对应物流单号，完成后订单将进入“已发货”状态；也可批量勾选需要发货的订单，点击“批量发货”，进入发货界面匹配对应物流单号，完成后订单将进入“已发货”状态，如图 4-3-3 所示。

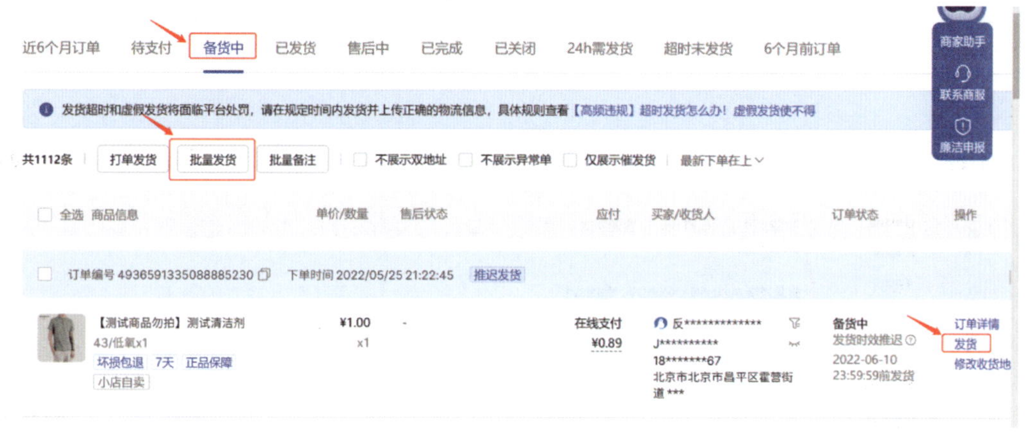

图 4-3-3　发货操作界面

平台目前共有四种发货方式。

1）电子面单发货。当商家已经拥有和物流服务商生成的月结账号时，可勾选进入打单发货界面，通过添加对应物流服务商，免费开通电子面单发货服务，自动获取运单号匹配对应订单，完成面单打印和发货。电子面单作为商家发货的免费提效工具，不但可以提升发货效率，还能减少虚假发货判罚。

2）手动发货。当商家已经从物流公司获取过物流单号且订单量较小时，可勾选进入发货界面，手动输入对应的物流单号及物流公司，完成发货，如图 4-3-4 所示。

3）批量发货。当商家已经从物流公司获取过物流单号且订单量较大时，可以通过“订单”→“发货管理”→“发货工具”→“批量发货”路径下载发货模版，通过上传文件进行批量发货操作，如图 4-3-5 所示。

图 4-3-4　手动发货操作界面

图 4-3-5　批量发货操作界面

4）ERP 发货。部分销量比较大的商家会通过 ERP 进行发货，由于不同厂商的 ERP 系统差异较大，这里不进行详细介绍。如通过 ERP 发货，可以联系 ERP 厂商来了解对应的发货流程。

根据平台规则，商家不允许随意取消用户订单，否则会导致扣分甚至罚款。当商家与用户协商一致后，在线支付订单在订单“待支付”状态下，点击“取消订单”，选择取消原因，填写相关备注信息后可将订单取消，如图 4-3-6 所示。

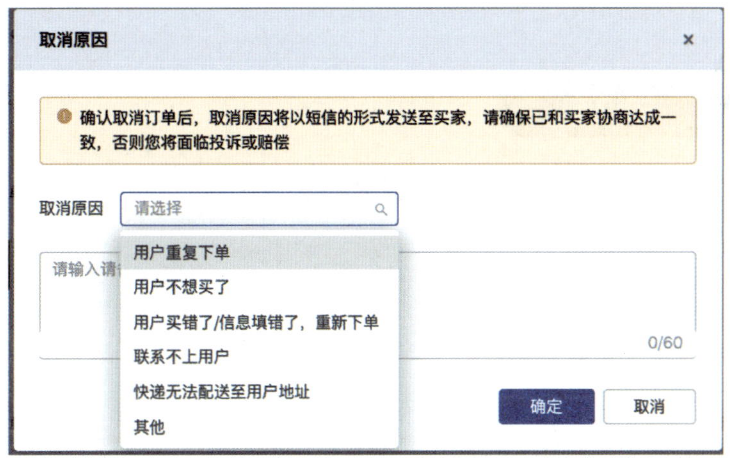

图 4-3-6 取消订单操作界面

新视界

“极兔速递”的崛起

2020 年 3 月，极兔速递从高度竞争的快递服务行业中崭露头角，开始出现在大众视野中，让业内错愕不已。

当时，市场有一个共识：在中国快递行业中，“新入者”想要发展，必须在两年内达到日销单量 2 000 万。从业内经验来看，这是一个不可能达成的目标。因为实现这一目标，中通快递用了 16 年，圆通快递用了 18 年，韵达快递用了 19 年，而申通快递用了 25 年。然而，极兔速递用短短 10 个月就做到了。

极兔速递快速扩张的秘诀是通过区域加盟模式，使其迅速占领市场份额。同时，其重视与电商平台的紧密合作，获得了拼多多等电商平台的加持，在短时间内获取了大量订单。

二、客户投诉处理

客户投诉是客户对服务或商品不满意的表达，特别是一些新手直播间、新手商家，在经营的前期，稍有疏忽就会面临较多的客户投诉。产生投诉的原因可以有多种，包括商品或服务质量问题、交付问题、价格问题、售后服务问题等。妥善地处理客户投诉对直播间或店铺的形象、客户关系和业务发展都有着重要影响。

知识窗

客服概念的起源

客服的概念起源于20世纪初，随着工业革命和大规模生产的兴起而产生。这一时期，企业开始重视客户关系管理，意识到除了生产和销售商品外，为客户提供满意的服务同样重要。随着时间的推移，尤其是在信息技术和互联网的推动下，客服逐渐演变成一个综合性的服务体系，包括电话支持、在线聊天、邮件回应等多种形式，旨在提高客户满意度和忠诚度。

1. 投诉处理原则

客户投诉处理的宗旨是站在客户的角度去解决实际问题，提升客户的满意度，在处理投诉的过程中要遵循以下基本原则:

一是及时原则，即对客户投诉及时做出反应，并且在规定的时间内进行有效处理，如不能及时处理完毕则应按时跟进进展情况，并适时将进展情况告诉客户。

二是诚信原则，即提出的投诉解决方案要切实可行，不能承诺能力以外的事情，以免投诉升级。

三是专业原则，即在与投诉客户沟通的过程中，要以专业的服务处理问题、答疑解惑，获得客户的信任。

2. 投诉处理流程

处理客户投诉最重要的是要及时、真诚地对待客户的投诉，积极解决问题，维护良好的客户关系。以下是一般的客户投诉处理流程，根据具体情况和问题的复杂程度，可能会有所调整。

（1）接收投诉

及时接收客户的投诉，可以通过直播平台的私信、留言或客服热线等方式进行。

（2）调查核实

对客户的投诉进行调查核实，了解问题的具体情况和原因。与相关部门或人员进行沟通，收集相关证据和信息。

（3）反馈客户

与客户保持沟通，及时反馈处理进展情况，让客户感受到被重视和关注。确认客户的需求和期望，确保理解客户的问题。

（4）解决问题

根据客户的投诉问题，找出解决方案并执行。可以通过补偿、退款、换货、售后服务等方式解决问题，确保客户满意。

（5）记录和分析

将投诉问题进行记录，并进行分析和总结。找出问题的根本原因，采取相应的改进措施，避免类似问题再次发生。

（6）跟进和反馈

对已解决的投诉问题进行跟进，确保问题得到圆满解决。向客户反馈处理结果，以增加客户的信任和满意度。

3. 投诉处理方法

处理客户投诉是客服人员常规工作之一，其常用方法如下。

（1）接到投诉，即时受理

处理投诉的要点在于“迅速及时，绝不拖延”。坚决避免对客户说“请您等一下”或是“请您先留言，稍后我再为您处理”等。客户的时间也很宝贵，拖延只会积累客户的怒气和情绪，加大投诉处理工作的难度。

（2）倾听投诉，平息怨气

客户在投诉时，时常带着情绪。客服人员要耐心地倾听客户的投诉事项，无论是不是有效投诉，都要先安抚客户的情绪，平息其怒气，为后续投诉处理工作努力创造和谐的沟通氛围。

（3）提问引导，明确问题

客户在投诉时，由于带着情绪，所以对问题的描述很可能比较发散，没有逻辑。因此客户讲完投诉事项的前后过程以后，客服人员要用封闭式的提问跟客户明确问题的关键。

（4）沟通方案，解决问题

在明确客户投诉问题后，客服人员可以提出常规的处理方案，征求客户的意见。也可以询问了解客户想要的解决方案，达成一致后，为客户尽快办理。

（5）感谢客户，维护关系

解决问题不是处理投诉的最后一步，感谢客户才是最后也是非常关键的一步。客户投诉处理的目的不仅仅是解决问题，更重要的是避免客户流失，挽回客户对企业的信任，维护客户关系。因此，在客户投诉处理的最后，客服人员在客户感谢中可以酌情表达以下三层意思：一是再次向客户表示歉意；二是感谢客户对企业的信任；三是感谢客户帮助企业发现不足，后续会努力改进。

任务执行

1. 分组，并按预期工作要求进行分工。

2. 登录直播带货平台的后台系统，观察订单状态，填写表 4-3-1。

表 4-3-1　订单状态信息表（示例）

序号	订单号	日期	是否关闭	发货状态	客户请求（如有）	异常情况（如有）	处理建议
1	30998721	2024/1/21	否	售后中	客户不想要了，申请仅退款	货物已发出	联系物流公司拦截快递
2	30998729	2024/1/21	否	待发货	无	无	无
3	30998820	2024/1/22	否	已发货	客户申请改地址	货物已发出，无法更改地址	联系物流公司，到目的地配送站后改派
4	30998899	2024/1/22	否	售后中	客户拍错，申请换货	所换商品仓库无货，3 天后到货	联系客户，如不想等待到货，引导其申请退款
5	30999127	2024/1/22	是	未发货	客户不想要了，申请退款	无	同意退款申请

3. 根据以下客户投诉信息，提出处理措施并填写表 4-3-2。

表 4-3-2　客户投诉处理措施反馈表（示例）

序号	订单号	投诉时间	投诉内容	处理措施
1	30998722	2024/1/21　18：31	商品与描述不符	向客户道歉，确认商品问题，并提供退换货服务或适当的折扣补偿
2	30998822	2024/1/21　19：35	延迟发货	解释发货延迟的原因，明确发货时间，并向客户提供小礼物或优惠作为补偿
3	30998829	2024/1/22　12：21	收到损坏商品	向客户表示歉意，提供无条件退换货服务，检查物流和包装过程，避免未来发生类似情况

续表

序号	订单号	投诉时间	投诉内容	处理措施
4	30998992	2024/1/21　13：55	口味不佳	向客户表示歉意，根据客户的具体情况，提供退换货服务或者适当的补偿。将客户反馈记录下来，并反馈给相关部门，以便改进商品质量
5	30998998	2024/1/21　15：02	数量不足	向客户表达诚挚的歉意，提供退换货服务或适当的赔偿
…				

任务完成后，请根据表 4-3-3，对任务完成情况进行总体评价。

表 4-3-3　小组任务完成情况评价表

<table>
<tr><td>任务编号</td><td></td><td>任务名称</td><td colspan="3"></td></tr>
<tr><td>小组名称</td><td></td><td>小组成员</td><td colspan="3"></td></tr>
<tr><th>评价项目</th><th colspan="2">评价标准</th><th>评价分值</th><th>得分</th><th>备注</th></tr>
<tr><td rowspan="2">知识目标</td><td>订单管理</td><td>了解订单处理流程</td><td>10</td><td></td><td></td></tr>
<tr><td>客户服务</td><td>熟悉客诉处理流程</td><td>10</td><td></td><td></td></tr>
<tr><td rowspan="2">技能目标</td><td>订单状态跟踪</td><td>能进行订单状态跟踪</td><td>30</td><td></td><td></td></tr>
<tr><td>客诉处理</td><td>能进行一般客诉处理</td><td>30</td><td></td><td></td></tr>
<tr><td rowspan="4">素养目标</td><td>团队意识</td><td>小组合作，分工明确，服从安排</td><td>5</td><td></td><td></td></tr>
<tr><td>时间管理</td><td>时间分配合理，遵守计划安排，按时完成</td><td>5</td><td></td><td></td></tr>
<tr><td>学习态度</td><td>积极、主动、探究</td><td>5</td><td></td><td></td></tr>
<tr><td>其他</td><td>其他相关素养，如文学修养、协作精神等</td><td>5</td><td></td><td></td></tr>
<tr><td colspan="3">综合得分 / 评价等级：</td><td colspan="3">评价人 / 日期：</td></tr>
<tr><td colspan="6">说明：评分范围为 A 到 D。A 对应“优秀”（≥85 分），B 对应“良好”（≥70 分，<85 分），C 对应“合格”（≥60 分，<70 分），D 对应“不合格”（<60 分）</td></tr>
</table>

课后小测

1. 在“人”的复盘中，用户兴趣爱好复盘和消费习惯复盘之间的差异是什么？它们分别有着怎样的作用？

2. 处理客户投诉时，需要遵循哪些原则？

3. 以抖音平台为例，商家可以自主取消用户订单吗？如不能自主取消，在哪些情境下可以取消订单？

4. 以下是某服装品牌相近时间的两场直播的部分数据，两场直播的时间均为 2 小时，请根据表 4-3-4 中的数据进行复盘，分析哪场直播更成功以及成功在哪里。

表 4-3-4　两场直播数据

场次	销售额（元）	直播间观看 - 成交转化率	千次观看成交金额（元）	重复购买率
场次 A	12 005	4.2%	92	50%
场次 B	21 220	6.1%	105	80%

5. 你正在负责一个服装品牌直播间的客服业务，以下是一些客户可能会问到的问题，请设计客服应答话术，填入表 4-3-5 中。

表 4-3-5　客服应答话术

序号	客户问题	客服应答话术
1	我在你们直播间买的衣服颜色和描述不符，能退款吗？	
2	我买的衣服已经超过预计配送时间了，为什么还没有收到？	
3	我买的衣服拉链收到时就是坏的，你们家商品质量太差了！	
4	我对你们的服务不满意，怎么投诉？	